古代阵法

◎主编 金开诚
◎编著 王忠强

吉林文史出版社
吉林出版集团有限公司

图书在版编目（CIP）数据

古代阵法/王忠强编著.—长春：
吉林出版集团有限责任公司，2011.4(2023.4重印)
ISBN 978-7-5463-4981-7

Ⅰ.①古… Ⅱ.①王… Ⅲ.①传统战法－中国－古代
Ⅳ.①E892

中国版本图书馆CIP数据核字（2011）第053391号

古代阵法

GUDAI ZHENFA

主编/金开诚 **编著**/王忠强
项目负责/崔博华 **责任编辑**/崔博华 钟 杉
责任校对/钟 杉 **装帧设计**/柳甬泽 王 惠
出版发行/吉林出版集团有限责任公司 吉林文史出版社
地址/长春市福祉大路5788号 **邮编**/130000
印刷/天津市天玺印务有限公司
版次/2011年4月第1版 2023年4月第5次印刷
开本/660mm×915mm 1/16
印张/9 **字数**/30千
书号/ISBN 978-7-5463-4981-7
定价/34.80元

前 言

文化是一种社会现象，是人类物质文明和精神文明有机融合的产物；同时又是一种历史现象，是社会的历史沉积。当今世界，随着经济全球化进程的加快，人们也越来越重视本民族的文化。我们只有加强对本民族文化的继承和创新，才能更好地弘扬民族精神，增强民族凝聚力。历史经验告诉我们，任何一个民族要想屹立于世界民族之林，必须具有自尊、自信、自强的民族意识。文化是维系一个民族生存和发展的强大动力。一个民族的存在依赖文化，文化的解体就是一个民族的消亡。

随着我国综合国力的日益强大，广大民众对重塑民族自尊心和自豪感的愿望日益迫切。作为民族大家庭中的一员，将源远流长、博大精深的中国文化继承并传播给广大群众，特别是青年一代，是我们出版人义不容辞的责任。

本套丛书是由吉林文史出版社和吉林出版集团有限责任公司组织国内知名专家学者编写的一套旨在传播中华五千年优秀传统文化，提高全民文化修养的大型知识读本。该书在深入挖掘和整理中华优秀传统文化成果的同时，结合社会发展，注入了时代精神。书中优美生动的文字、简明通俗的语言、图文并茂的形式，把中国文化中的物态文化、制度文化、行为文化、精神文化等知识要点全面展示给读者。点点滴滴的文化知识仿佛颗颗繁星，组成了灿烂辉煌的中国文化的天穹。

希望本书能为弘扬中华五千年优秀传统文化、增强各民族团结、构建社会主义和谐社会尽一份绵薄之力，也坚信我们的中华民族一定能够早日实现伟大复兴！

目录

毛女洞
古丈夫洞

一、中国古代阵法的产生及发展

（一）中国古代阵法的产生

中国古代军事学源远流长，成就巨大，在世界军事史上写下了光辉的篇章。中国很早就出现了金属兵器和战车，建筑了被誉为世界奇迹的古代防御工程体系——万里长城；火药、指南针的发明和火器的创制，在世界军事史上有深远的影响；涌现了许多杰出的军事家、军

事理论家和军事技术专家；最早创立了较系统的军事理论，从先秦到清代前期，先后有两千多种兵书问世，并留下一些有价值的军事历史、军事地理著述，编纂了卷帙浩繁的军事类书。

人类最初的战争，主要是制作和使用石（骨）兵器。相传约四五千年前，中国父系氏族社会部族融合时期，黄帝、炎帝两大部落联盟同蚩尤部落联盟战于逐鹿之野，蚩尤部落“以金作兵器”。说明中国在原始社会末期，已开始生产金属武器。

公元前二千多年，中国第一个奴隶制国家夏王朝建立后，虽仍以石兵器为主，但已能制作刀、戈、戚、镞、矛、匕首等青铜兵器。商代有了专门炼铜的坩埚，能较大量生产铜兵器，开始了以金属兵器为主的时代。西周制造铜兵器的技术和形制都有显著改进，出现了合戈、矛为一体的戟。周代青铜兵器制造进入鼎盛时期。

古代军队已成为国家机器的重要组成部分。商代军队编制最大单位是“师”。

士卒由贵族和自由民充任，战时应召出征。奴隶在军中一般只担任运输或勤杂劳役。西周军制沿袭殷商而有所发展，已有军、师、旅、卒、两、伍的编制。

文献记载表明，夏初甘之战已出现战车。商在灭夏的鸣条之战中使用战车70乘。商代后期车战已成为主要作战方式。武王伐纣用战车300乘，周宣王攻楚用战车3000乘。车战一般在平原地区进行，根据地形情况将战车列成方阵，作战时通常是对攻。在作战指挥上，最迟到西周中晚期已用金鼓旌旗。

世传所谓黄帝兵法，虽难以稽考，但到氏族社会末期，战争指导中已不乏

谋略。军队出现后，谋略运用成为重要问题。据载夏少康以武力夺回王位时，在战前就注意谋略，还派出了军事间谍；商灭夏，先攻取夏的属国，改变了力量对比再伺机决战；周灭商也采取由近及远、先弱后强地剪除对方羽翼的谋略，然后趁商王室内部纷乱、商都空虚之机，联合诸侯大举东征；牧野之战武王誓师，揭露商纣罪行，进行战场动员以鼓舞士气。

古代军事理论，并非一开始就以兵

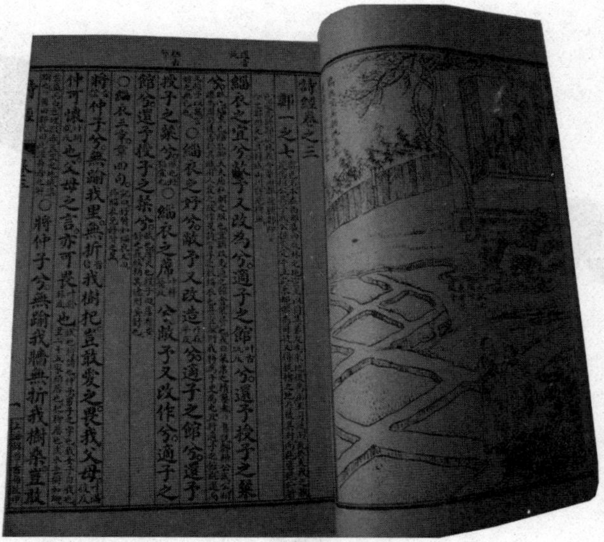

书形式出现，而是散见于国家的典章法令和其他文献之中。《易经》的卦辞和爻辞中就有一些反映商、周之际谋略思想的内容。如认为国政衰败不能兴师，深得民心则可用兵；主张师出有名，纪律严明；作战时避敌锋锐，伺机而动，诱敌而动等。中国古代最早的文献汇编《尚书》和诗歌总集《诗经》也记述了夏、商、周三代一些军事理论片断和零星的谋略思想及战争情况。

春秋以前已有专门的军事文献《军

志》《军政》，这是中国古代军事学诞生的重要标志，相传，中国最早的阵法已于春秋之前形成，后由孙膑总结为“八阵”，可惜它们已经失传，仅能从其他典籍的一些引录中窥其一斑。

（二）中国古代阵法的发展

秦统一之前天下长期处于战争之中，各国的常备军数量庞大，从客观上保证了通过阵法对士兵进行有效的约束，也保证了将领们能有效地排出他们想要的、

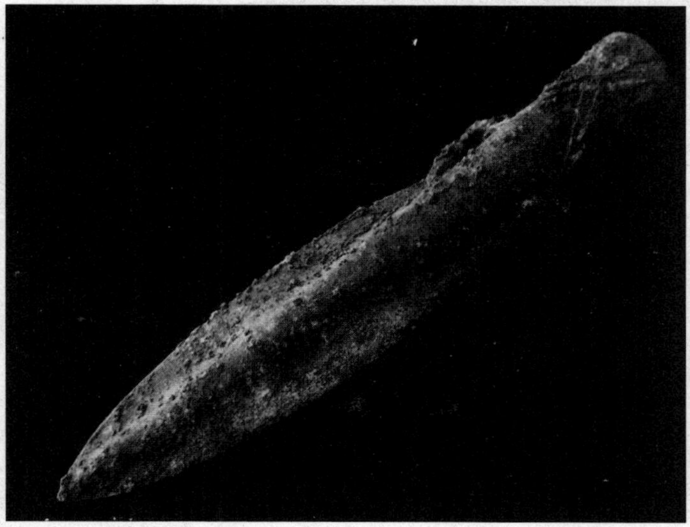

最适合战场形势和双方兵力对比的阵势。秦灭六国，天下一统，秦二世时，陈胜吴广起义，天下大乱，涌现出两股有影响力的义军。一是西楚霸王项羽，二是汉王刘邦。此时的步兵阵在中国几乎已发展到一个高潮，随着三十几万秦军主力被项羽在巨鹿击败，早期的楚汉争霸几乎再也没有出现过大兵团，有组织地将阵用于战争。这让比刘邦更强悍的项羽占尽了优势，一度把刘邦打得狼奔

豕突，溃不成军。在韩信出现之后，汉军才凭借其出色的用兵能力，终于击败不可一世、只凭勇力的西楚霸王。东汉建立后，随着北方匈奴的屡屡入侵，汉军的步兵又几乎没有用处，只好凭借强大的国力组建庞大的骑兵集群。而骑兵又不大可能像步兵一样进退有序地列阵，这就意味着需要将步兵的阵基本放弃(只有弩兵的战术雁行阵还保留着)。骑兵的战术大部分时间里就是正面突击、

长途奔袭、战略合围、断敌后路等等。但这时的汉骠骑大将军霍去病琢磨出了一种新战术——车悬。总的来说，这一时期阵的发展处于停滞、甚至是倒退状态。两汉之后，进入三国两晋，中国在骑兵方面对北方民族的优势丧失殆尽。三国时期曹操深知阵的奥妙不在兵的多少，而在纪律是否严明，士兵是否有足够的战斗力。经过隋、唐二百多年的短暂强盛之后，中国又一次陷入了军事上的低潮，反过来说，步兵的阵又一次得到了极大的发展。在宋明两朝，“岳家军”的“疏阵”、戚继光的“鸳鸯阵”都在军事作战中产生了深刻的影响。随着中国古代火药开始应用于战争以及中国国门的被迫打开，古代阵法也逐渐退出历史舞台。

二、春秋前十大古阵

队列不是凭空产生的，队列的出现是有着实战意义的。如果溯源的话，现代队列的远亲应该是冷兵器战争时代的“阵”，“阵”是存在的，阵法是一种战斗队形的配置，在古代战争短兵接战的条件下，为求战场上统一指挥和协同动作而产生的。中国古代很讲求阵法，代有传书。对古代军阵进行钻研的军事学博士金玉国对“阵”的定义如下:所谓“阵”，就是军队在投入战斗时，根据地形条件、敌我实力等具体情况而布置的战斗队形，从基础的一兵、一伍、一列开始，一直到全军，都做到“立兵伍，定行列，正纵横”。换句话说，“阵”就是各种战斗队形的排列和组合。最早的阵应该是起

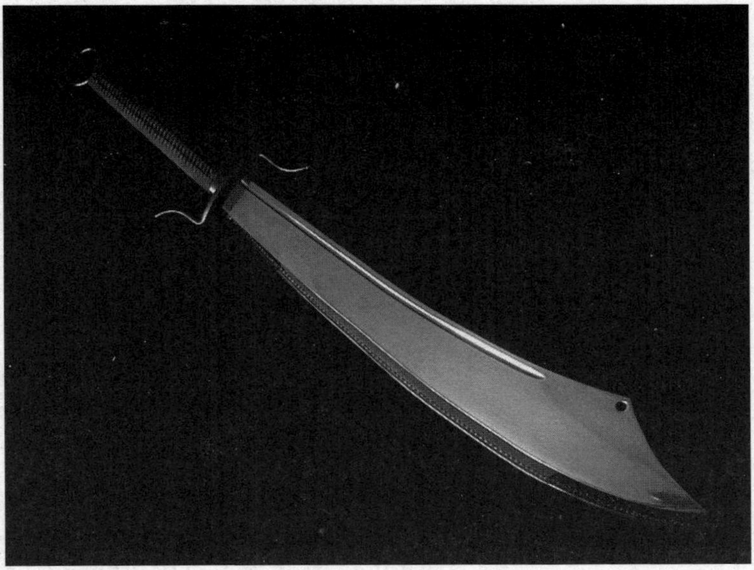

源于原始社会的狩猎活动之中。在我国奴隶社会中所使用的阵，在今天大多数已经随着岁月流逝了，我们仅能通过古代典籍来对当时的阵进行模拟、研究。下面就介绍一些典型的或者记载比较详尽的阵法。战国时期《孙膑兵法》集先人之大成，将春秋以前的古阵总结为“十阵”。这“十阵”分别是方阵、圆阵、疏阵、数阵、锥形阵、雁形阵、钩形阵、玄襄阵、水阵、火阵。水阵和火阵讲的是水战和火战的战法，不是单纯的战斗队形，所以孙膑“十阵”实际上只有八种基本的战斗队形。

（一）方阵

方阵是冷兵器时代，军队战斗的最基本队形。大的方阵都由小的方阵组成，这就叫“阵中容阵”，孙膑认为方阵应该“薄中厚方”，就是说方阵中央的兵力少，四周的兵力多。中间兵力少，可以虚张声势。四周兵力多，可以更好地防御敌人进攻，方阵是一种攻防比较平衡的阵形。指挥等

金鼓旗帜一般部署在方阵的后方。

（二）圆阵

圆阵是古代野战防御战时的战斗阵形，系古代“十阵”之一。《孙膑兵法·十阵》中解释说:“圆阵者,所以榑也。”(榑，假借为团，意义是采取环形防御。)意谓圆阵的作用是当军队在野战中转入防御时，就要由方阵变为圆阵，采取环形防御。《武备志》卷五十四有“裴绪演孙武圆阵图”，可供参考。圆阵用于防守的情况，在古代战争中有不少实例。如《汉书·项籍传》载：项羽兵败于垓下(今安徽灵璧南)后，仅剩二十八骑。为了作最后的防御，项羽乃“为圆阵”，即结成一个小的圆阵。又如《魏书·杨播传》载:北魏时的左将军杨播在一次南征时，被敌军围困于淮河南岸，杨播“乃为圆阵以御之”。圆阵是为了进行环形防御的。

金鼓旗帜部署在中央，没有明显的弱点。

（三）疏阵

疏阵是古代作战时因己方兵力少而采取的一种疏散的战斗队形，系“十阵”之一。《孙膑兵法·十阵》中说：“疏阵者，

所以臭（虚张声势之意）也。”意谓疏阵的作用是为了虚张声势。孙膑认为，疏阵的列法，是由于兵力少，所以要显示强大。可用旗帜显示威武，可用较多的武器显示人多。因此必须加大行列间的距离和间隔，还要多竖些各式各样的旗帜，把光亮锋利的武器插在旗旁。队列稀疏，不可让敌人迫近；战车不要驰骋，步兵不要急走。疏阵的一般用法在于把士卒分成若干战斗小群，或者前进，或者后撤；或者出击，或者固守；或者给敌人以威胁，或者截击精疲力竭的敌人。若如此，疏阵就可以打破敌人的精锐部队。

（四）数阵

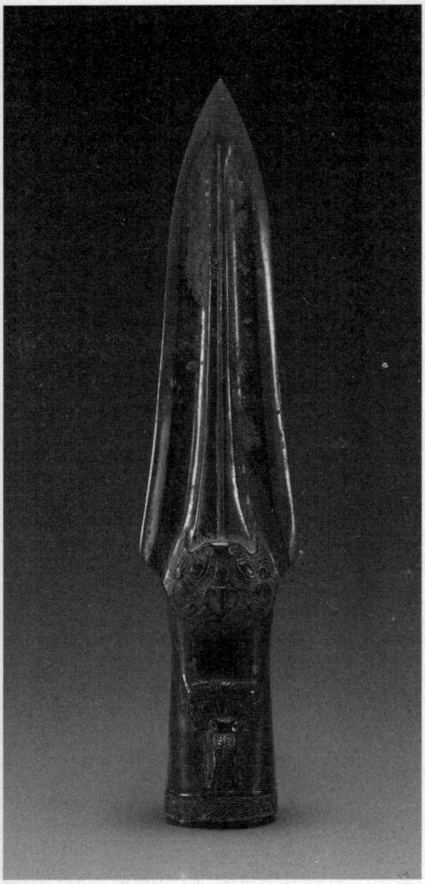

数阵是古代作战时采取的一种密集的战斗队形，系古代“十阵”之一。《孙膑兵法·十阵》:“数阵者,为不可掇。”（掇，掠取，引申为割取、击破。）意谓数阵的作用是防止敌军击破。孙膑认为数阵的列法是，行列间距离间隔要缩小，但必须行列靠近而不混乱，兵器密集而使用自如。前后要能相互支援。若敌人退走，不要出阵追击;敌人进攻,不要出阵阻击,或者截击其迂回部队，或者挫其前锋锐气。阵势要严密得无隙可乘，两翼要稳如泰山。若如此，便不会被敌人攻破。

（五）锥形阵

前锋如锥形的战斗队形也就是“十阵”中的“锥形阵”。锥形阵必须前锋尖锐迅速，两翼坚强有力，可以通过精锐的前锋在狭窄的正面攻击敌人，突破、割裂敌人的阵形，两翼扩大战果，是一种强调进攻突破的阵形，锥形阵又叫牡阵。

（六）雁形阵

所谓雁形阵是一种横向展开，左右两翼向前或者向后梯次排列的战斗队形，向前的是“V”字形，就像猿猴的两臂向前伸出一样，是一种用来包抄迂回的阵形，但是后方的防御比较薄弱。而向后的排列的就是倒“V”字形，则是保护两翼和后方的安全，防止敌人迂回，如果两翼是机动性比较强的骑兵，则在静止时，可获得处于中央步兵的保护与支援，而又可发挥进攻骑兵的威力，增加突然性。亚历山大在印度进行的会战就是采用近似于这样的一种队形。

（七）钩形阵

钩形阵正面是方阵，两翼向后弯曲成钩形，保护侧翼的安全，防止敌人迂回攻击后方指挥金鼓之所在。

（八）玄襄阵

古代作战时所采取的一种疑阵，系古代“十阵”之一。《孙膑兵法·十阵》:“玄襄之阵者，所以疑众难敌也。”意谓玄襄之阵的作用是迷惑敌人，使其难以实现原来的企图。孙膑认为，玄襄之阵，必须多设旗羽，鼓声错杂而雄壮，士卒表面混乱而实际稳定，兵车看来杂乱实际却在行进，让整治有序的兵车和士卒故意发出嘈杂的声音，好像从天而降，如同自地而出，步卒往来，终日不绝。若如此，就会迷惑敌人，打乱敌人原来的部署。

（九）水阵

水阵是古代用于水上作战的战斗队形，系古代“十阵”之一。《孙膑兵法·十阵》：“水阵者，所以伥固也。”（伥，引申为加

强。）意谓水阵的作用是增强防御的稳固性，或淹没敌人的防御设施。孙膑认为，水战的方法，必须多用步兵，少用战车，让部队把钩子、木筏、小艇、叉子、快艇、桨、船等各种水战用具都准备好。船队前进时，必须前后相随，后撤时不要相互拥挤。船只亦可并列起来，顺流而下，以敌军人员为射击目标。水上战斗的方法是，用轻便船只作指挥船，用快艇进行联络，敌人退走就追击，敌人前进就迎战。进退都要根据情况慎重处理，使船队严整有序。敌人移动时要阻碍它，

敌人布阵时要袭击它，敌人调整部署时要分割它。敌军武器的种类、车辆和步兵的数量，都必须查明。一面攻击敌船，一面封锁渡口。同时还要把敌兵到来的情况，告知兵民。

（十）火阵

火阵是古代用于火攻的战斗队形，系古代“十阵”之一。《孙膑兵法·十阵》：“火阵者，所以拔也。”意谓火阵的作用是拔除敌人的营寨。孙膑认为，火攻的方法，沟垒都筑成了，还要再挖一些沟堑，每隔五步，堆放柴草，要疏密均匀，纵火的人不必多，令每人都准备一支纵火用的草把，动作必须敏捷利落。要注意方向，避开下风，以免火烧自己，否则不但不能战胜敌人，反而会因此而失败。若敌处下风，又在低而平坦、野草丛生的地方，火发时，敌全军将士就无处可逃。在此情况下，就可以用火攻，尤其是大风天气，杂草丛生，柴草齐备，敌人营寨，戒备不严，更可以用火攻。

三、几大古代重要阵法

战阵是士兵士气的源泉，尤其是对于单兵作战能力弱于对手的一方来说，更需要重视保持阵形。只有保持阵形，才可发挥出集团作战的威力。在这一点上，我国古代要比西方认识的明确得多。古代战争和现代战争一样，最大的伤亡和战果不是在有组织的对抗中，而是在破坏了敌军有组织的战斗之后，而阵则是组织作战的外部表现形式。也就是说，破坏了阵形之后才是屠杀的开始。所以说，在实力相差不大、双方互相对峙的情形下，战斗双方往往想方设法破坏敌方阵形的稳定性。比如派遣少量骑兵，不断反复地冲击，防止敌人布阵，例如春秋时期，楚国与晋国进行的一次交锋中，楚军就逼营布阵，防止晋军成阵。而晋军填平灶坑水井，撤掉营帐，最后撤掉栅栏成阵。而布阵过程中，往往派

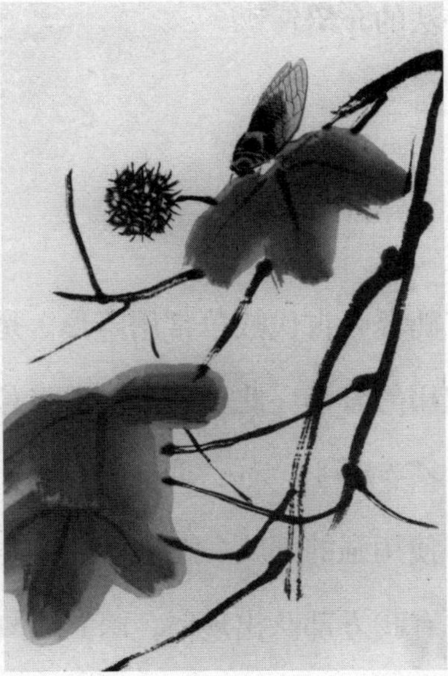

遣弓箭手占领控制一定地幅，使用远程攻击武器控制大片地域，用句旧小说或者评书中的话来说就是“射住阵脚”，防止敌人冲阵。在破阵时，或派遣强悍勇士为先导，破入阵中而大军随后进行强行突破，而成语中所说“陷阵之士”，就是指此。或引诱敌军进入复杂地形，或迂回攻击薄弱部位。在如此残酷的古代战争中，将士们不得不精研阵法，使得阵法在历次战争中经受磨炼，终于结出了丰硕的果实。以下便是对几大古代重要阵法的介绍。

（一）鹤翼

鹤翼是古代战争常用阵形，是专供包围用的阵形。此种阵形，主将位于中央（多半是弓步兵），两侧是副将，两侧最好使用强的部队（骑兵为多），当敌人后方有我方部队出现时，两翼立刻可以拉长，跟我方部队会合，立刻形成包围。这被认为是唯一可以积极攻击的阵形。其实严格说来，也就是要形成包围圈。这种阵形的弓箭攻击力较不集中，所以效果不是很强，一般会跟雁形进行比较。

（二）鱼鳞

鱼鳞是把兵团分成五到六段，一层压一层的阵形。主将的位置是位于中后方，鱼鳞跟锥形的不同点，就在于三角

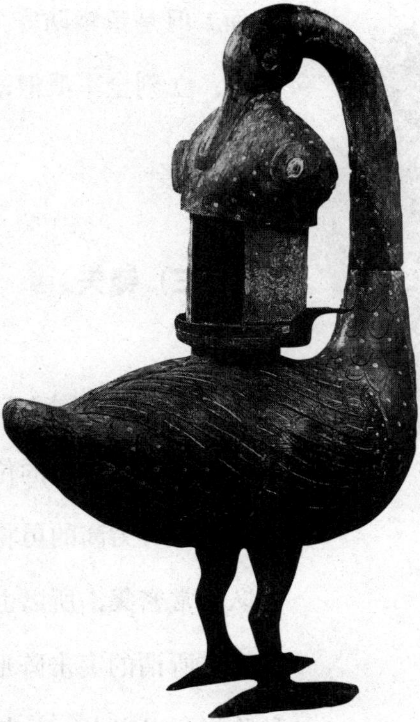

形的宽度，而且鱼鳞在前方的部队，通常跟保护主将的是一样密集的。这样的排列造成鱼鳞跟锥形迥异的结果。由于锥形的部队比较散，所以互相推挤效果小，移动速度非常快。但是速度稍慢的鱼鳞却可以突击（因为最前方的部队很密集，全军才不会被冲散，锥形却会）。鱼鳞跟鹤翼都是“文官阵形”，也就是主将不用在前面亲自带头攻击，而是躲在

后面。但是鱼鳞防守力很弱，被人背后一冲，立刻全军溃散，因为背后露出太多了。

（三）锋矢

顾名思义，“锋矢”就是在全军形成箭状的样子。主将的位置在最前面，所以适合战斗力高的勇将。由于最前面的部队非常密集，所以也是突击阵形。请注意，所谓的突击阵形，并不是只有这种阵形可以突击，事实上所有阵形都可以下突击令，但是不见得能够做到突击效果（全军穿入敌阵不会被冲散），也就是说，真正战场上有突击的效果，而非只有此部队可以下突击令。此外，此种阵形的后方是一平行队形，所以在山地的移动效果相当好，当然此阵防守也是很弱的（背后露出太多）。

（四）冲轭

“冲轭”是车前方的横木，作为阵形就是英文字母 X 形阵。把队形排成 X 形最大的效果就是从前、左、右三方来的敌人都如同前方一样（请注意两排的部队前方朝东北跟西北方）。这是个相当好的山地防守阵形（因为也是线形，所以山地移舆够快）。

（五）长蛇

全阵分阵头、阵尾、阵胆（中央戊

己土）三部分。阵形变幻之时，真假虚实并用。长蛇阵是根据蛇的习性推演而来的，共有三种变化：一、击蛇首，尾动，卷；二、击蛇尾，首动，咬；三、蛇身横撞，首尾至，绞。

由此三种变化，长蛇阵运转犹如巨蟒出击，攻击凌厉。两翼骑兵（古代机动能力强的兵种）的机动能力最为重要，所以要破除长蛇阵，最好的方法就是限制两翼机动能力，以使其首尾不能相顾。所以，最佳的方法就是，揪其首，夹其尾，斩其腰。详细方法就是在我方步兵阵群中设置陷阱，以两个步兵方阵协作阻止对手两翼骑兵运动，使其无法发挥其机动灵活的能力，再以强悍重骑兵为主对其蛇腹步兵发动强悍冲击，使其阵形散乱无序。一举击溃步兵方阵，将长蛇阵切割成为三块，如此一来，长蛇阵各自为战，无法再以三方配合作战，阵势不攻自破。

（六）车悬

在历史上赫赫有名的“车悬”不是指形态，指的是含义。车悬是一种骑兵阵。军队排成不互相推挤的多列，也就是说，这是一种车轮战法。

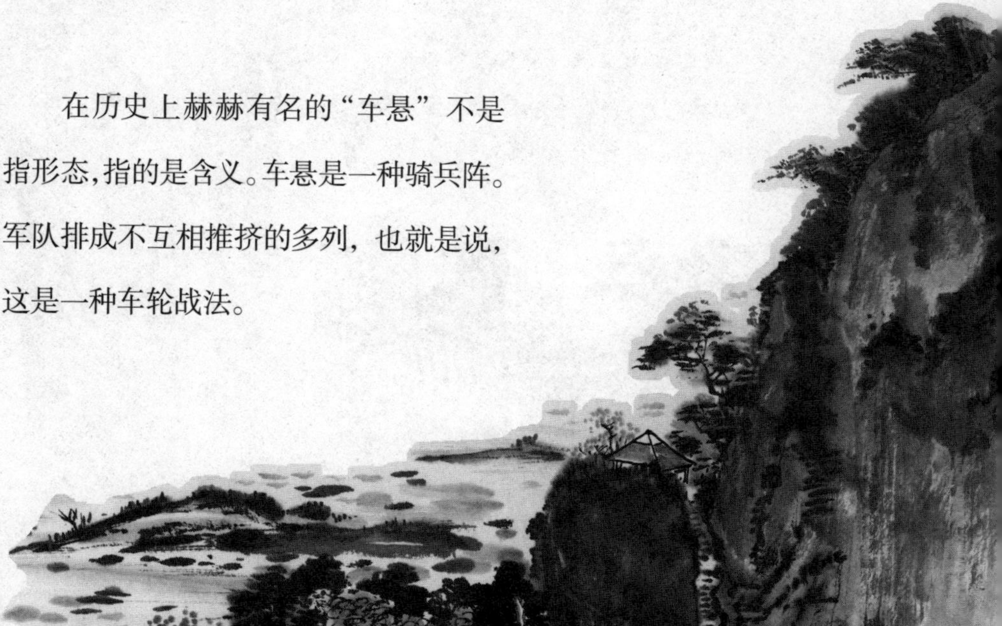

四、阵法在各重要历史朝代中的演进

（一）春秋战国时期的阵法

春秋战国时代，是中国历史上的大分裂时期，诸侯国间的征伐已持续了五百余年，中华大地上诸侯林立，战火连绵，一片混乱。

春秋战国时期（公元前 770—前 221 年）是中国古代军事学的兴盛时期。

春秋时期的青铜兵器比西周时轻便、

灵巧，戈在形制上比西周有改进。南方吴、越等国的剑，制作得尤为精致。战国时期青铜兵器更加犀利、坚实。

中国最迟在春秋晚期已掌握冶铁技术，战国时期冶铁业已逐渐盛行。到了晚期，不仅能炼出高碳钢，并掌握了淬火技术，于是开始进入以铁兵器代替铜兵器的时代。楚国铁矛锋利，刺人“惨如蜂虿”；韩国的铁制剑、戟；中山国的铁杖、铁锥，在当时都很有名。战国晚期还出现了铁制兜鍪、铠甲。炮的出现和弩的改进及大量使用，是军事技术进步的另一表现。中国最早的炮是抛石弹杀伤敌

人的机械,称“投机”“飞石机”“发石车”等。《汉书·甘延寿传》注引《范蠡兵法》称:“飞石重十二斤，为机发，行二百步。”原始社会晚期已有木弩，但弩机极为简单。春秋时弩机已是青铜制造,结构精巧,便于瞄准，弩机射程较远。战国时燕国制造了强弩，韩国劲弩能射六百步之外。据《墨子》城守诸篇所记，战国时期筑城与攻城技术已相当进步，由于武器种类多、数量大，各国普遍建立了专管武器制作、储存、发放的府库。这一时期在军队组织方面，改变了车兵为主的体制。公元前 719 年，鲁、宋等国联军“败郑徒兵”，是中原诸侯国使用步兵的最早记载；春秋末期，吴、越、齐等国的舟师已能在江河、海面作战；骑兵早先多见于北方游牧民族中，战国时赵武灵王实行“胡服骑射”后，逐渐成为中原各诸侯国的一个兵种。

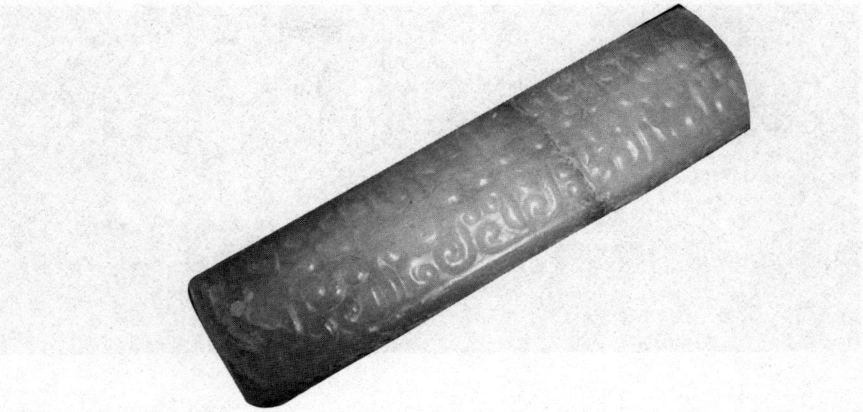

战国时普遍实行了郡县征兵制，大批农民被征集入伍。同时采取募兵制，招募考选武士以充当军队的骨干和组成国君的卫队。如魏国的“武卒”、秦国的“锐士”、齐国的“技击”。

春秋以前的战争一般都由国君统率军队出征，六卿也兼军将。战国时文武分途，已由专职的“将军”“柱国”“尉”等统兵打仗。作战指导上的变化亦很显著。在谋略方面，逐渐否定了重信轻诈等用兵之道，重视审时度势，因利乘便，如晋国欺骗虞国，假途灭虢后再回师灭虞；另外，还多注意军事斗争和外交斗

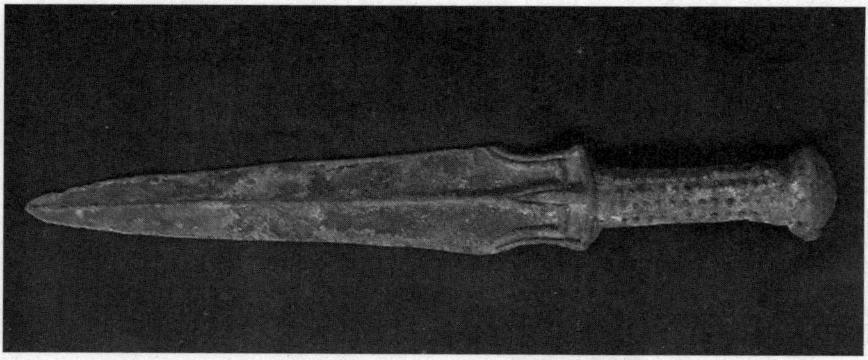

争结合和敌友力量的分化组合。

春秋以前的战争主要以战胜对方为目的，战国时期则以消灭敌军实力为上。战国时期孙膑在桂陵之战中以“围魏救赵”、在马陵之战中以“减灶示弱”诱敌就范的谋略，在古代军事史上具有重要学术价值。

在战法方面，春秋时期已逐步突破商、周以来的两军对阵、正面攻击的惯例，采用了多种方式作战，有两翼突破、再捣中坚（如鄢陵之战）或设伏诱敌、乘势歼灭（如鸡父之战），或疲敌而击、后发制人（如长勺之战），等等。

战国时设守要害和利用城池防御，

成为克敌制胜的重要手段，如晋阳之战、即墨之战都是经旷日持久的坚城防御而最终得胜的，有的还挖地道作战。在阵法方面，春秋初期的繻葛之战，创造了有名的“鱼丽之阵”，使车阵趋于严密灵活。战国时阵法已多种多样，银雀山汉墓竹简中提到了方、圆、疏、数、锥行、雁行、钩形、玄襄、火、水等十种阵法。春秋战国之际，为适应战争指导的需要，军事理论著作相继问世，《孙子》是其中杰出的代表。《孙子》总结了春秋及其以

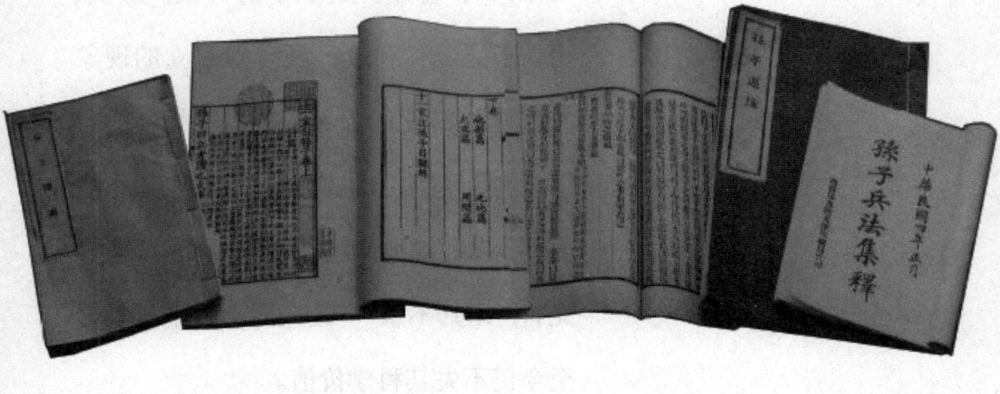

前的战争经验，具有深刻的谋略思想，在一定程度上反映了战争的一般规律。它初步认识到战争的本质，强调战争“必取于人”；它分析战争中的奇正、虚实、勇怯、强弱、利危、攻守等对立的现象及其互相转化的关系，体现了朴素的辩证思想；它揭示的某些战争规律和作战原则，如“知彼知己，百战不殆”“攻其无备，出其不意”“致人而不致于人”等，至今仍不失其科学价值。

《孙子》这部名著中的军事理论和哲

学思想，达到了当时的最高水平，成为后世兵书的典范，影响深远。明代军事理论家茅元仪认为，“先秦之言兵者六家，前孙子者，孙子不遗。后孙子者，不能遗孙子”，道出了这部划时代著作承前启后的意义。《孙子》在唐代中期传入日本，18 世纪下半叶传入法国，后来又传入俄、英、德等国，成为近代军事理论的一个重要思想源泉。继《孙子》之后，战国时期兵书中,具有代表性的有《吴子》《司马法》《孙膑兵法》《尉缭子》《六韬》等。它们在继承《孙子》军事思想的同时，又有所发展和创新。如《尉缭子》提出了“兵者，以武为植，以文为种；武为表，文为里”的真知灼见；《孙膑兵法》认为富国才能强兵等等。

春秋战国时期剧烈的社会变革，带来意识形态领域的空前活跃。各派思想家、政治家对战争问题各抒己见，是“百家争鸣”在军事上的反映。其中论兵内容较多、影响较大的是儒、墨、法、道四家。如儒家的仁义为本、足食足兵和强调组织训练的思想；墨家的休养生息和注重武器与军事工程的主张；法家的讲耕战、重实力、权术和刑赏的观点；道家的“慈故能勇”“柔弱胜刚强”“进道若退”的辩证命题等，都给历代军事思想以深刻的影响。先秦诸子论兵，开创了古代非兵家论兵的传统，成为中国古代军事学的一个重要特点。中国古代的军事历史学，不像古代欧洲那样首先以记述战争历史的专著出现，而是在其

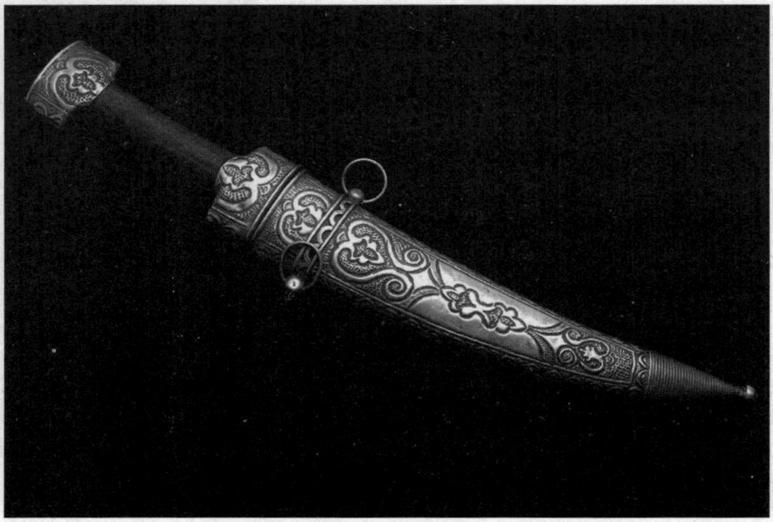

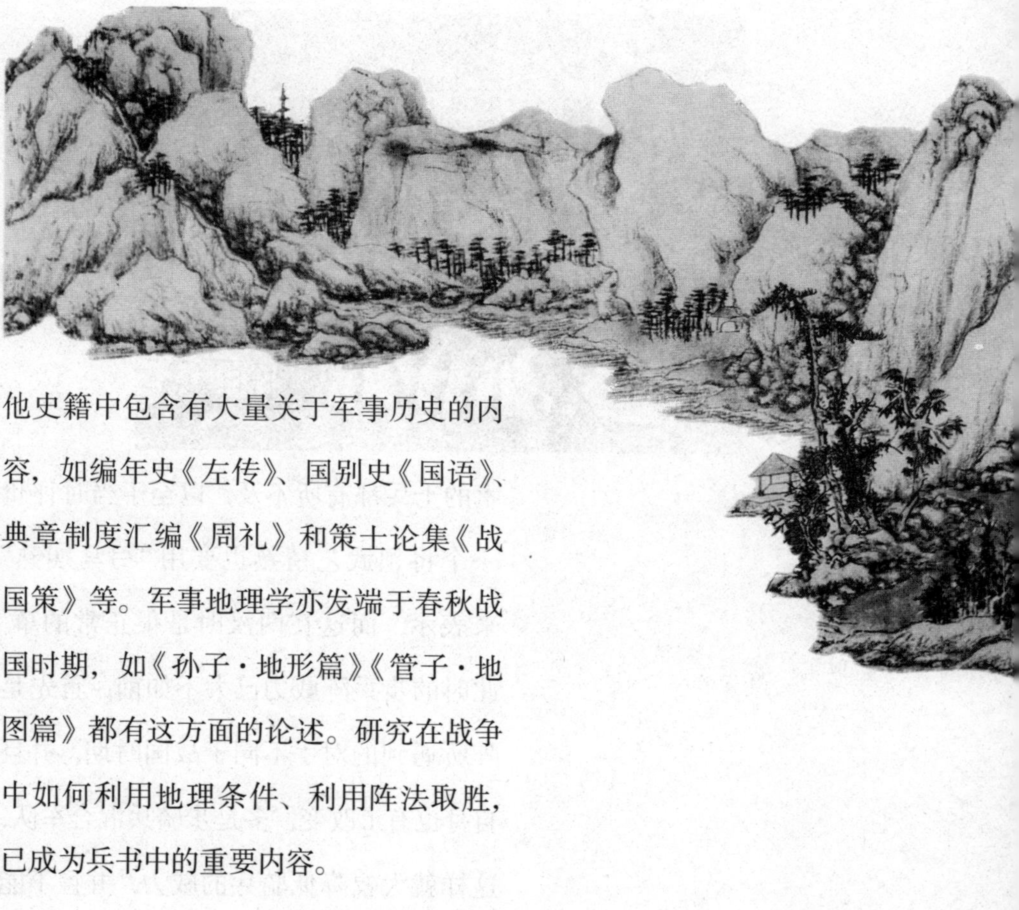

他史籍中包含有大量关于军事历史的内容，如编年史《左传》、国别史《国语》、典章制度汇编《周礼》和策士论集《战国策》等。军事地理学亦发端于春秋战国时期，如《孙子·地形篇》《管子·地图篇》都有这方面的论述。研究在战争中如何利用地理条件、利用阵法取胜，已成为兵书中的重要内容。

（二）三国时期的阵法

两汉之后，进入三国两晋，中国在骑兵方面对北方民族的优势丧失殆尽。不管是战马的来源、数量，还是长于骑

术的士兵都有所不及，以至于当时评价一个将领武艺精熟也要用“弓马娴熟”来表示，而这在两汉时是很正常的事。此时的步兵阵威力已大不如前，首先是阵所遇到的对手不同于战国时期，并且自身也有了改变，多是步骑兵混合军队，这样就大幅降低骑兵的威力，并且不能将骑兵的作用进行有效的发挥。另外这时的兵员也大成问题，人口之少难以想象，能提起兵器上战场的更是少之又少，这种结果使得该时期的兵员质量差到无以复加的地步（当然也有少量精兵）。但是由于战争频繁，又不可能对他们进行有效的训练。众所周知，阵对各兵种、个人需要紧密配合，并且需要有非常严明的纪律，这对他们来说是可望而不可即的事情。在这样困难的前提下，涌现出了许多阵法，其中最为典型的是曹操的打法，他可以说是深知阵的奥妙不在兵的多少，而在纪律是否严明，士兵是否有足够的战斗力。选其精锐，练成精兵，他们的训练时间和作战时间都很长，作战也十分有效，从而轻松达到以骑兵单独作战，执行诸如急袭、包围等任务的战略目的。所谓以正合，以奇胜，也就

是将纯步兵为正阵，将骑兵作为决定性的力量，不追求一城一地的得失，不求数量上的优势，这也是曹操能以两万兵击败十倍于己的袁绍军的主要原因。相同的战例还有淝水之战，百万秦军一败涂地，而此之前，前秦军队几乎都是以弱敌强，却累战累胜，王猛还以十万步兵列阵击败了前燕的数十万铁骑，可见阵的威力。说到三国时期的阵法，还不得不提诸葛亮的八阵图。谨慎堂《诸葛氏宗谱》就载有“八阵功高妙用藏与名成八阵图”的诗词赞歌。

天覆阵赞：天阵十六，外方内

圆，四为风扬，其形象天，为阵之主，为兵之先。善用三军，其形不偏。

地载阵赞：地阵十二，其形正方，云主四角，冲敌难当，其体莫测，动用无穷，独立不可，配之于阳。

风扬阵赞：风无正形，附之于天，变而为蛇，其意渐玄，风能鼓物，万物绕焉，蛇能为绕，三军惧焉。

云垂阵赞：云附于地，始则无形，变为翔鸟，其状乃成，鸟能突出，云能晦异，千变万化，金革之声。

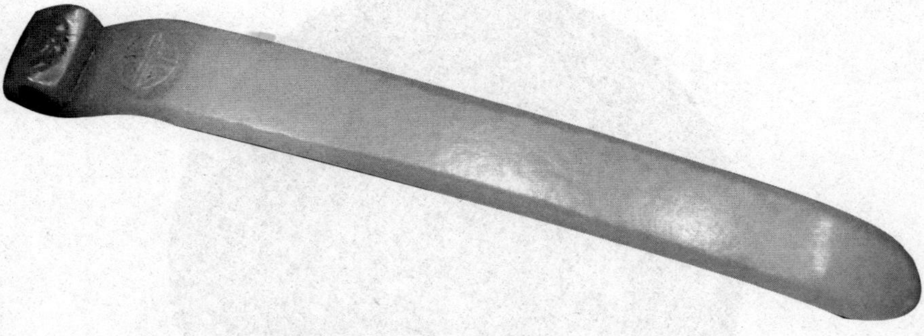

龙飞阵赞：天地后冲，龙变其中，有爪有足，有背有胸。潜则不测，动则无穷，阵形赫然，名象为龙。

虎翼阵赞：天地前冲，变为虎翼，伏虎将搏，盛其威力。淮阴用之，变为无极，垓下之会，鲁公莫测。

鸟翔阵赞：鸷鸟将搏，必先翱翔，势临霄汉，飞禽伏藏。审之而下，必有中伤，一夫突击，三军莫当。

蛇蟠阵赞：风为蛇蟠，附天成形，势能围绕，性能屈伸。四奇之中，与虎为邻，后变常山，首尾相困。

诸葛亮所制八阵图，是在前人阵图的基础上完善而成的。它的出现使得蜀

国避免了当时的危机，也同时代表着中国古代阵法达到了最高峰。

（三）宋朝时期的阵法

宋军在对外战争中累战累败，其步兵在战争中拙劣的表现引起了全国性的反思，不久，在中原又出现了一股重新起用阵对付辽、金骑兵的潮流。宋的兵权大都由文官掌握，虽然其间也有如范仲淹一样明智博学的大臣，但是他们中大部分人只会高谈阔论，贪生怕死，并不懂得实战的要义，于是导致了一些华

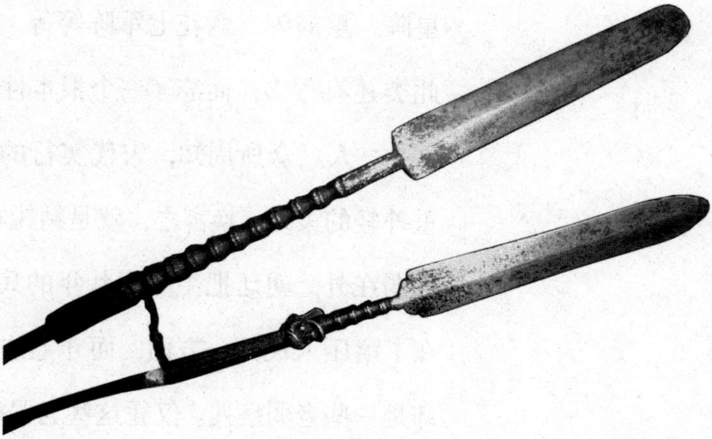

而不实而又脱离实际的阵法出现，典型的如：车轮阵、冲方阵、常山阵、八卦阵、风扬阵、龙飞阵、太乙阵、五花阵、弯阵、直阵、长虹阵、握奇阵、当头阵、满天星阵、重霞阵、六花七军阵等等，诸如此类还有很多，而忘了一个根本性的条件——人。众所周知，宋代实行的是内重外轻的策略，换言之，就是精锐在内，老弱在外，朝廷把主要青壮年的兵力用在了镇压人民这一方面，而守卫边防的却是一些老弱病残。仅凭这些老弱病残，哪能对付得了北胡的铁骑，这个神话也只有朝廷和部分文官们才能相信，结果是辽（金）人愈发轻视宋军，每战无不奋勇直击，而宋军则是“但遇北人便走，无顾其他”。

这种情况持继了百多年之后，岳飞率领的“岳家军”出现在了战场上，他再一次将阵的威力发挥了出来，以步兵击败了号称无敌的女真人的铁骑（岳家军中也有少量骑兵参战，但数量之少，和女真骑兵一比几乎可以忽略不计），使当时乃至后世兵家不得不对阵的作用再

作一番重新认识。事实上并非岳飞有着非常先进的阵法，就凭岳家军军纪之严明，作战之勇敢，即便是不列阵，每个人都单打独斗，也不会在与辽军的作战中吃很大的亏，但是，如果仅凭借这些，就想取得如此大的战果也是不现实的。有一部分人认为岳飞所列的是“满天星”阵法（也有人认为与“七星阵”不过大同小异），“满天星”阵法的布阵图非常复杂，必须要有人从中指挥，置于高杆之上，纵观全局，而在与女真骑兵的战斗中，这种安心指挥、从容调度的阵法无疑是不切实际的，女真人的铁骑会直冲中军，挡，便是以血肉之躯抵抗对手的金戈铁马；不挡，便是弃中军。不管是小说、演义，还是正史都有岳飞亲自出战的记载。所以一般史书更倾向于岳家军摆的是一阵复古的阵法“疏阵”——以数人为一小的战斗团体，长枪、长刀、刀牌、钩枪、朴刀等形成一个组合，一

个个小的组合之间各自为战，既不用硬扛女真人的铁骑的冲击，又可以在敌骑冲击过后从侧面或背后袭击，这对士兵的胆量要求很高，而这种混战的场面也是对步兵而言最有利的时候。到了这个时候，凭岳家军的配合，胜局基本已定。

宋由于受到北方游牧民族的威胁，而自身又缺乏足够数量与质量的骑兵，为了在平原上以步兵主力抗衡游牧民族的骑兵，所以极为重视阵的作用。不过，宋代实行的是“将从中御”，每次将领出征，皇帝必然“图阵形、规庙胜，尽授纪律，

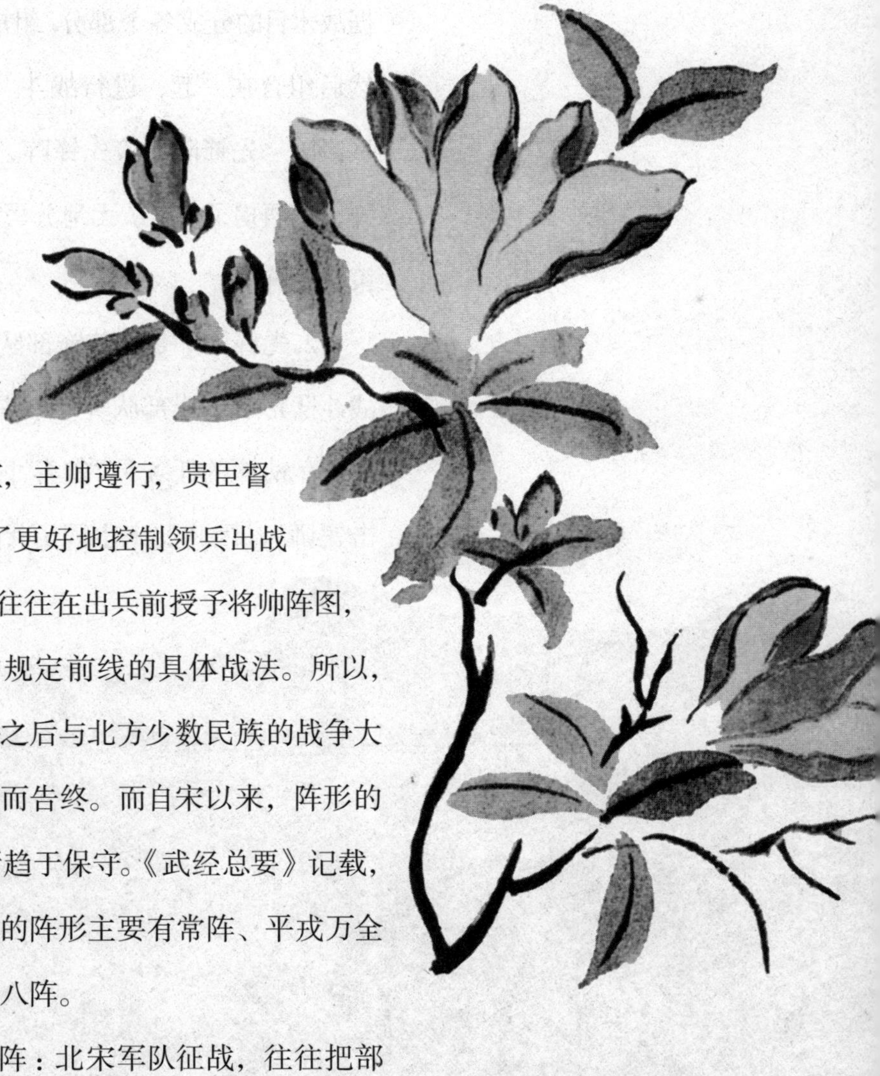

遥制便宜，主帅遵行，贵臣督视”。为了更好地控制领兵出战的将领，往往在出兵前授予将帅阵图，在深宫中规定前线的具体战法。所以，北宋统一之后与北方少数民族的战争大多以失败而告终。而自宋以来，阵形的发展逐渐趋于保守。《武经总要》记载，宋军常用的阵形主要有常阵、平戎万全阵和本朝八阵。

1. 常阵：北宋军队征战，往往把部队分成前锋、后卫等各个部分，由各个部分分别组成的阵形，被称为“常阵”。换句话说北宋军队征战，往往将部队根据战术目的分成各个部分，组成“常阵”，然后组合在一起，进行战斗。它包括以下诸阵：先锋阵、策先锋阵、大阵、前阵、东西拐子马阵、无地分马、拒后阵、策殿后阵等。

2. 先锋阵：是由前锋部队所组成的战斗队形。前锋部队类似于现代的前卫部队。前锋的任务是“御奔冲，陷坚阵，击锐师”，因此北宋也同历代一样，“选

精兵，置先锋阵”。

3. 策先锋阵：是由策应先锋的部队所组成的战斗队形，“置阵在先锋阵后”。此阵由“骑将一员统之”。当“先锋抗敌或兵势不支，则策先锋为应援”，以制敌“奔突”。

4. 大阵：亦称中军阵，是由主力马、步军所组成的战斗队形。一般成长阵（纵队）或方阵。排阵时，“以步军枪刀手在前，杂以旁牌、标枪，当阵面联布、木

拒马，或间以大车，谓之‘阵脚兵’”。而强弓劲弩在其后排列。同时，“一阵开四门，骑兵居其中，候出战，即开门放战队出”。总之，主力是以“车营”的形式，排成四面防敌“戎马突驰”的阵势。需要出战时，四面开门，放“战队”出战。

5. 前阵：是部署于“中军大阵之前”的奇兵。《武经总要》说，“当敌以正阵，决胜以奇兵，前后左右俱能相应，则常胜而无败”。《武经总要》还引述风后握奇图和辽军布阵之法，认为奇兵数应占大阵兵数三分之一左右。

6. 东西拐子马阵：这是直接保护大阵的一种布阵，“为大阵之左右翼”。之所以置此阵，是鉴于“夷狄用兵，每弓骑暴集，偏攻大阵，一面捍御不及，则有奔突之患，因置拐子阵，以为救援”。此阵兵力数目，也是视大阵兵的人数而为之，且临时抽拣而成。

7. 无地分马：是中军大阵所控制的机动部队。布置在“大将军营阵”的四周，“备缓急驱使”。其兵由各指挥所组成的

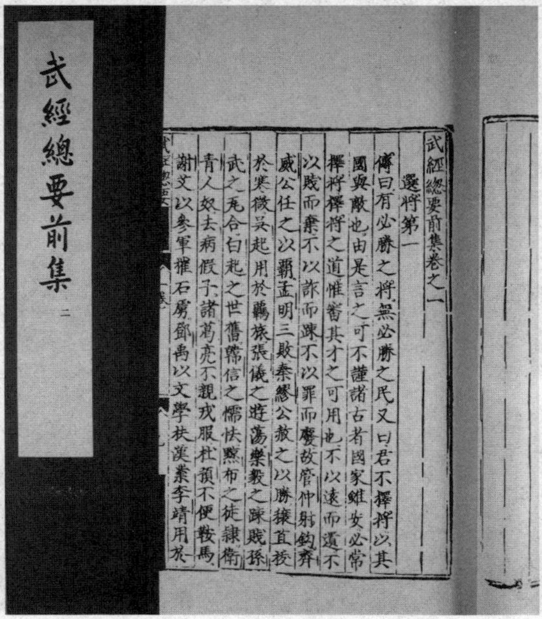

战队里抽调。机动部队的多少,"临时分置,无定数"。

8. 拒后阵:亦称"殿后",是由后卫部队所组成的战斗队形,布阵于中军大阵之后,以防敌人从后面袭击。宋人认为,在"军阵之制,粮道居后"的情况下,为了防止"粮道断绝",布拒后阵很有必要。《武经总要》说,宋太宗对辽几次作战的失败,都与"粮道"被敌"断绝"有一定关系。因此,从真宗开始,则注意置"兵

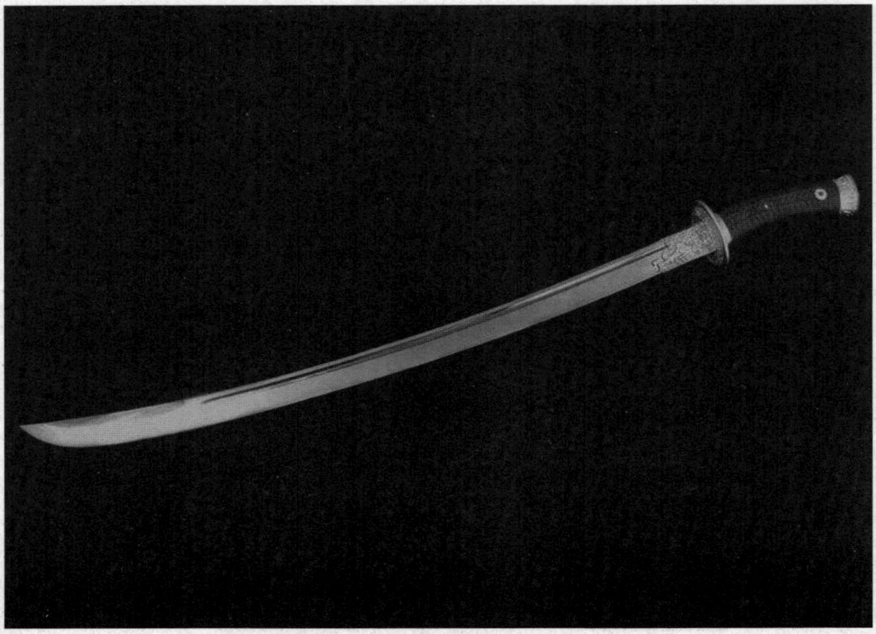

殿其后”，以便“缓急用之，无腹背受敌之患”。

9. 策殿后阵：是由策应殿后的部队所组成的战斗队形。它在拒后阵与主力之间布阵。

10. 平戎万全阵：是宋太宗赵光义亲自制作并授予大将军的，所以颇受重视。平戎万全阵是由前后左中右五军组成，约十七里见方的正方形大阵，把主力步兵部署在阵势的中央。

11. 加强战车：组成三个车营增强步

兵的防御能力与攻击能力，把骑兵部署在前后左右担任警戒和掩护中央大阵。这是一种保守的防御阵形，达到以步兵为主力的宋军可在平原对抗北方游牧民族骑兵的目的。

中军大阵由三个方阵排列而成，是全阵的主力。每个方阵周长二十里（折合 360 步 ×20=7200 步）。每五步为一“地分”，每“地分”用大车一乘，步兵二十二人防守，另有无地分兵（即机动的预备队）五千人居方阵中，每方阵共

用步兵三万六千六百八十人。三个方阵共十一万零四十人，另外加望子（即观察兵、陈望哨兵）二百四十人，总共步兵十一万零二百八十人。

前阵与后阵（即前锋与殿后），各两列骑兵。前列骑兵六十二队，每队五十骑，共三千一百名骑兵。后列六十二队，每队三十名骑兵，共一千八百六十名骑兵。两列共四千九百六十名骑兵，另加

探子（侦察）四十名骑兵，总共五千名骑兵。前后两阵共一万名骑兵。

东西稍阵（即左、右翼），各两列。前列一百二十五队，每队五十名骑兵，共六千二百五十名骑兵；后列一百二十五队，每队三十名骑兵，共三千七百五十名骑兵。每阵共一万名骑兵，另有探子六百五十名骑兵，总共二万零六百五十名骑兵。

平戎万全阵，所用兵力共十四万

零九百零三人（主力步兵十一万零二百八十人，前、后、左、右各阵骑兵三万六百五十人），另外还有用作车营防御的大车一千四百四十乘。该阵中军大阵的正面宽约十七里（每个方阵正面

与纵深各五里，方阵与方阵间隔一里）；前后两阵每队正面六十五步，正面共约一十一里零七十步（65 步 ×62=4030 步，折合 11 里 70 步）；左、右两阵，每队占地五十步，正面共约十七里一百三十步（50 步 ×125＝6250 步，折合 17 里 130 步）。

本朝八阵：北宋所谓的本朝八阵，系指方阵、圆阵、牝阵、牡阵、冲方阵、罘置阵、车轮阵、雁形阵。

八阵所用的兵力和编队参照了李靖阵法。即每种阵均用马步军共一万四千人列成。其中，步军编为二百队，每队五十人，计一万人；马军八十队，每队五十人，计四千人。每种阵，都按唐代军队那样，区分为中军、左右虞侯、左右和前后共七军。各阵阵中“每十人为列，皆面面相向，

背背相承”。“一卒占地二步，一马纵广二步”。“本朝八阵”除圆阵（因与车轮阵同形异名）外，《武经总要》中均附有阵图。各阵图中兵队的名称，沿袭唐朝。图中的“驻队”，即北宋的“阵脚兵”（所谓阵脚兵，就是这些兵力是为了布阵的初期，占领足够地域，防止敌人冲阵，保护自己从容布阵的，而在布阵完成之后则是为了保持阵势的形状而存在，往往以弓弩手为主力构成，我们听评书或者看旧小说中，往往有弓箭手射住阵脚之说，就是为此）；图中的“战锋队”“战队”“跳荡”“奇兵”，就是北宋的阵内战兵及无地分兵。图中的七军名称也是沿用了唐朝的军事语汇，比如，右虞侯、右军，即北宋的先锋、策先锋将；前军、后军，即北宋的左肋、右肋将；左虞侯、左军，即北宋的殿后、策殿后将。

北宋的本朝八阵名曰八阵，但因圆阵与车轮阵本是同阵异名，故实际仅有七种阵。综观这八阵阵名、七阵阵图和

《武经总要》所做的说明可以看出，八阵的阵名，都与前代没有太大的区别，但在各种阵形的排列方法上，则与前代有本质不同。古八阵，都是军队主力排列方式的变化，而宋所谓的“本朝八阵”，除了圆阵与车轮阵以外主力总是列成对四周防御的方阵，只是以一少部兵力，在主力方阵的前后左右，作些象征性的

变化，用以附会象征古意，这和古八阵是完全不同的。可以说本朝八阵是一种变了形的方阵。

前代八阵虽然也有防御队形，但主要的还是进攻队形，而宋的“本朝八阵”，从实质上看，全部变成了的四面防御队形。也就是说，各阵的主力仍然未脱离

单纯防御的模式，与其前代军队的进攻精神无一继承。这种情形的出现，不能不说与北宋采取单纯防御的保守军事思想有关。

当然，这和当时所面对的威胁也有关，因为宋代与前代不同，缺乏骑兵，而又面临机动性强大的北方游牧民族骑士，所以两翼和侧后方向总是遭受威胁，方阵、圆阵等面向四面防御的阵形确实是防御骑兵迂回包抄，而古八阵以主力设置为雁形、锥形等阵形，是一种面向某一方向的进攻阵形，侧翼的防御大大减弱了。实际上，古八阵是一种组合的阵形，个个部分排列成古八阵，然后再组成一个更大的阵势。其中，还应有各种阵形之间的变化方法，不过今天已经都不可考，而这些东西才是我国古阵精髓之所在，穷究于各阵形的排列方式与形状，只不过得其形，而不得其神，不过是我国古阵的皮毛而已。在缺乏足够

骑兵的情况下，使用步兵排列的阵形向机动性极强的骑兵进攻仿佛并不可能，因为战况不利的时候，骑兵可以随时脱离战斗，或是迂回进攻侧后方向，所以说，采取方阵或者圆阵的阵形在野战中对骑兵进行防御还是合适的。

宋军中骑兵十分缺乏，只占全军总数的七分之一，骑兵中又往往有十之三四无马。最高曾达十之八九无马，如刘光世军五万二千人，仅有三千多战马，可见宋军缺马到何种地步。另外宋马体形较小，一般高约 1.36 米，按现在的标准也不算大马。韩世忠曾向高宗献马一匹，

“高五尺一寸，云非人臣敢骑”，约合1.58米，而这已是宋朝罕见的大马了。为了对付游牧民族骑兵，宋代在阵形上下了很大的工夫，企图在野战中以步抗骑。两宋时期有两种阵形值得一提，那就是宋代的弩阵和叠阵。

弩阵是一种发扬蹶张弩（一种用脚蹬拉上弦的弩，威力要比用手上弦的臂张弩大）威力的阵形。分成三列，从后至前，第一排上弦，第二排上箭进弩，第三排瞄准射击。运用时,第三排射击后,则通过两列之间的空隙,回到第一排身后上弦,第二排进弩之后,进入瞄准射击状态,如此循环反复,获得持续的较密集的远程打击能力。

叠阵是宋代四川吴氏兄弟创立,见于《宋史》,也是分为三列,刀枪持长兵者居前,弓在后,最后为神臂弩或者为踏蹬弩。这是接近实战要求的,作战时,全军跪坐,当敌接近

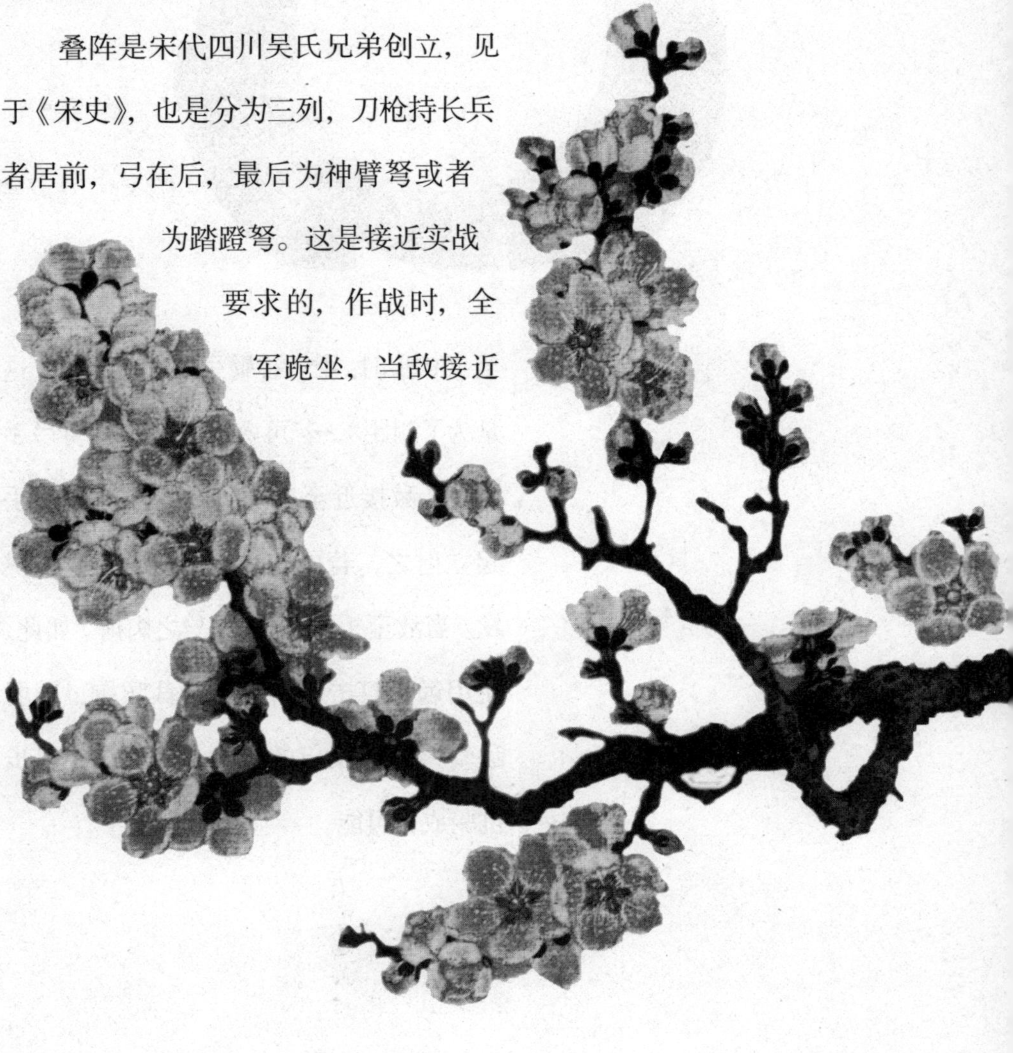

至 100 步时，令一神臂弓手起立射之（这是为了测距），若可入敌阵，则神臂弓手俱发；敌接近至 70 步时，令一平射弓手起立射之，若可入敌阵，则平射弓手俱发。当敌至拒马，则枪兵与之肉搏。如此，使用远程打击武器层层拦截防御，削弱敌骑兵迅速反应的能力，使野战中以步抗骑成为可能。

（四）明朝的阵法

宋朝灭亡之后，中原历经了百余年的异族统治，直至红巾军大起义及朱元璋的出现，才发生了根本性的变化。提起明王朝，就不得不提及徐达，提及其出色的谋略与阵法，这是个用兵不亚于孙吴的名将。当时天下割据，势力大的人绝非凤毛麟角，徐达硬是靠着严明的军纪、有效的战阵将他们一一击败，一统中原。也正是因为徐达，明朝的大军才彻底击退了蒙古铁骑，由于小说中将徐达所用的阵描述得太玄妙，

以至于后人普遍认为徐达可有可无。事实上，徐达可能是自岳飞以后、戚继光之前唯一有能力有效地使用战阵的人。他与岳飞唯一不同的是，他的兵力比岳飞要雄厚得多（明军最强时达到过一百多万，虽然不一定都归他管），兵源也要好（虽以南人为主，但后期北方兵也不少），还有不少的骑兵（剽悍程度不亚于蒙古骑兵）和火枪兵。所以他比岳飞的

难度、压力要小一些，但组织能力要比岳飞强。也不拘泥于局部得失，大局观要比岳飞要强，由于他的阵形更类似于扩大化了的古代的玄襄阵，以单一兵种为一个集群，然后一个集群一个集群地对敌军实施打击，因而可以强有力地打击敌人直致对方崩溃逃跑为止。当然这时明军的个人战斗力也是中国历史上的步兵中最强的，如果没有这个条件，即使孙武在世也是难以办到的。

关于明军的阵形。到了明代中后期，

由于火器的大量使用，使得冷兵器时代较为密集的队形容易造成较大的伤亡。而东南沿海地带，平原较少，山地较多，大型阵势也难以得到展开。倭寇中有不少属于流浪武士，单兵作战能力强，使用武士刀等兵器，尤其善于“跳战”之法，采用较为松散的阵形，明军在遇到凶悍的倭寇时，往往陷于被动。所以戚继光发展了一种小集中、大分散的鸳鸯阵，由大阵变小阵，由密集变为疏散，这是对阵形的一种创新。戚继光鸳鸯阵大致以 12 人为最基本的战斗单位，这一

阵形，最前为两个牌手，分别是长牌手、藤牌手（其中一个为队长），然后是跟着狼铣手两名、再次是四个长枪手，最后是两个短兵手。作战时以藤牌防护远程射击兵器（这时候牌手面向敌人，其余人排成纵队躲在牌手后面），以狼铣为进攻主力，以长枪取人性命，短兵是防止敌人进身，或在长兵疲惫时进攻。鸳鸯阵在抗倭战斗中得到了成功的运用，取得了巨大的胜利。鸳鸯阵是最基本的阵形，还有许多变化。比如成两伍纵队的鸳鸯阵，这是基本阵；由鸳鸯阵变化的两仪阵（两伍分开）；大三才阵横队，就是把两伍并列的队形变成横队，队长持牌居中，左右各一狼铣，狼铣左右为两长枪拥一牌（实际上这还有其他伍交错排列），短兵在后，这是为了在比较宽的横路上战斗运用的；小三才阵横队，“狼铣居中，左右各一长枪，长枪左右短兵

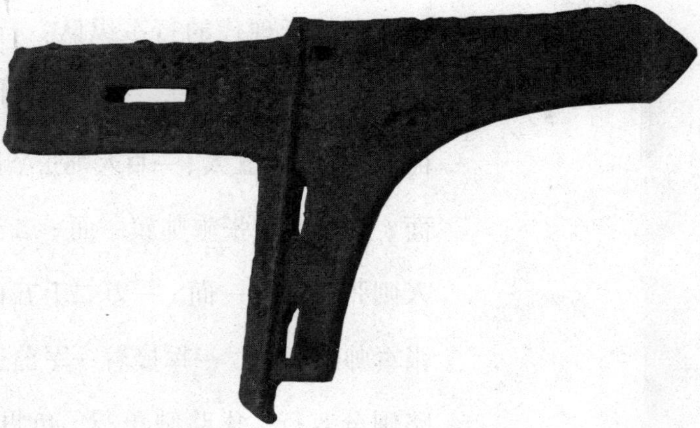

和牌，一伍平列”，这是在窄路上采用的阵形；一头两翼一尾阵，把参战部队分成四部分，最前者为头，是正兵，为主要的进攻部队；两翼为奇兵，保护头的侧后方向，在适当时机进攻敌人的侧翼；尾是策应部队（相当于预备队），随时准备增援任意方向。

（五）清朝太平军的阵法

清代军阵：在清代军阵中值得一提就是太平军的各种阵法。

1. 牵线阵：这是一种行军的战斗队形，类似于现代的行军纵队。行军时，必下令作牵线阵行走，每两司马执旗一面，后随二十五人；一百人则张卒长旗一面；五百人则张旅帅旗一面；二千五百人则张师帅旗一面；一万二千五百人则张军帅旗一面。一军接着一军前进。宽路则分双行，狭路则单行，鱼贯以进。在行军中，一旦发生遭遇战，首尾盘曲勾连，顷刻聚集，结成圆阵。如果战事

不利，统将敲锣为信号退却，仍守牵线阵战斗队形，这时按照路宽，分为十行二十行都可以，但不得斜奔旁走，亦必鱼贯而退，牵线阵急趋，敌人往往追赶不上，即使追上了，见队伍不乱，也不敢穷追。

2. 螃蟹阵：这是一种三队平行配置的战斗队形，中间一队人数少，两翼的人数多，形似螃蟹，所以叫作螃蟹阵。这种阵法，极为灵活，还可根据敌情进行多种变化。如敌仅分左右两队，就以阵的中队分益左右翼，也成两队。如敌前后各一队，就合左右翼的前锋为一队，以左右翼后半与中间一队合而平列，以为前队接应。如敌左一队兵多，则变偏左阵。右一队兵多，则变偏右阵。如敌

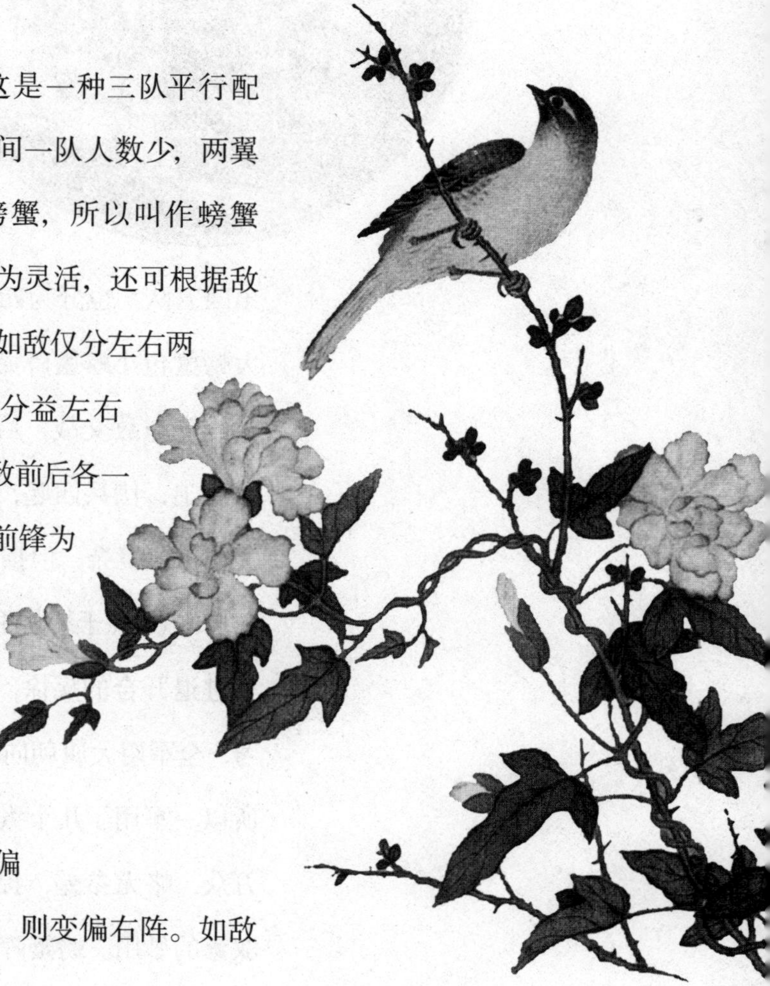

出四五队，也分为四五队次第迎击。其大螃蟹包小螃蟹阵尤为著名，其法或先以小阵与敌交战，后出大阵包围，或诈败诱追，伏兵四起，将敌包围。螃蟹阵变化虽然复杂，但损左益右，移后置前，运用之妙，在于统将根据敌情，临时指挥。其进退开合的疾徐，只须几个大旗手娴习，全军望大旗朝向哪里就向哪里奔赴。所以一军用了几个大旗手，便可以指挥万众，略无参差，提纲挈领，深得以简驭繁的妙用。螃蟹阵（一作蟹螯阵），又称为荷包阵，也称为莲花抄尾阵。

3. 百鸟阵：这是一种使用疑兵的阵法。特别适合平川旷野与敌作战，以二十五人为一小队，把部队分为一百几十队，好似天空散布繁星那样，使敌人惊疑不知人数多少，每队人数都相同，又不知应先攻何处，彷徨不进，因此被打败。

4. 伏地阵：又名卧虎阵，每遇敌人来追时，退却到水穷山阻的地方，由统将发令，忽地一面大旗仆倒，千旗齐仆

倒，瞬息万人都贴伏在地上，寂不闻声，积蓄士气。敌军追到,看不见一个太平军，正在诧异徘徊、疑神疑鬼的时候，太平军一声号令，忽地一面大旗扬起，千旗齐起，万人风涌潮奔，呼声雷吼，转面急趋,向敌猛扑。太平军曾在长沙、南昌、武昌等地屡用这一个阵法大败清军。这一战阵也特别适合冷热兵器交杂的时代进行正面作战，因为伏地可以减少正面投影，减少敌人远程火器的杀伤。

古代军阵的指挥大都由金鼓、旗帜、号炮、号角、传令兵构成。古代军旗分为:

大旆、号旗、将领之认军旗、供辨识的旗帜以及其他。

大旆，又叫旄旆。旄指用牦牛尾巴做装饰的旗子，也可以泛称用动物皮毛、羽毛装饰的贵重旗帜。旆指尾端有尖角的旗帜，以燕尾状居多。这种旗帜往往由作战一方的身份高贵的全军统帅拥有。统帅作战时，往往建大旆于身旁。所以，有的时候，我们在评书或旧小说里，往往会发现有不少根据有没有建大旆而判断其主帅是否在阵中。而这个大旆，也往往是敌军集中进攻的目标，全军将士总是关注与大旆在哪里。大旆是否存在，甚至会影响战斗的胜负。

将领认军旗：士兵大都作为将领的附属而存在，部队大都没有军团旗，但是有绣有将领姓的旗帜来作为部队辨识。如果主将的身份不够显贵，也可以用帅旗或者认军旗代替大旆。

号旗，就是信号旗，是用来指示传递命令的。

辨识军旗，是用来辨识敌我双方的。这种旗帜往往出现得最多。

除了旗帜，在作战中往往以金鼓、号炮、号角等可以发出巨大声响的器物

指挥三军。“闻鼓而进，鸣金而退”，就是说击鼓是进攻的信号，敲锣是退兵的信号等等。

五、古代历史传记以及传说中的阵法

（一）十大阵法

十大阵法是中国古代小说家戏化演绎的中国古代进攻防守的排兵布阵法。在唐代有关薛仁贵的演义中可见有记载，详细为：一字长蛇阵，二龙出水阵，天地三才阵，四门兜底阵，五虎群羊阵，六丁六甲阵，七星北斗阵，八门金锁阵，九字连环阵，十面埋伏阵。

（二）八阵图

《孙膑兵法》中将阵完整系统地分为十种阵形，即："方、圆、锥行、雁行、钩行、玄襄、疏阵、数阵及火阵、水阵。"后两种是特殊战法情况下才使用，一般以方、圆、锥为主。锥行阵主攻，将最精锐的车兵放置前沿作冲击用。圆阵主

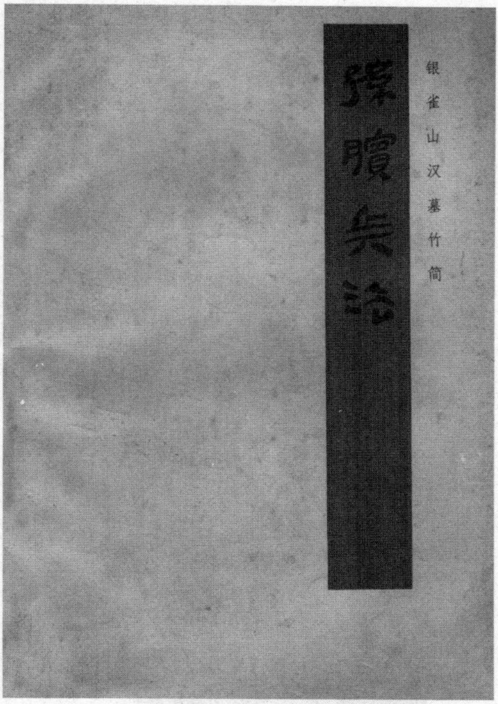

守，车兵置于阵中央。方阵攻守兼备，车兵置于后，保证阵形有足够的厚度和反冲击的力度。疏阵、数阵是以步兵打车兵的战法，类似于以后的散兵阵，以小股混合步兵依什伍行列独自作战，尤以吴、楚用得多（战车少，倒不是装备不起，是用处不大，水网密集，不适合车兵驰骋）。雁行阵是弩兵的特殊战术，长处在于加大弩兵的正面远程火力密度，

玄襄、钩行则较复杂，除非训练有素，才能运用自如，威力也大，相当于大兵团的兵种配合。以玄襄为例，弩兵在前阵，射完后后撤，车兵在两侧，长戟在中阵，长矛在后阵，讲究的是一浪接一浪的攻击，当时的中原可能只有魏、秦两国能列此阵迎敌。钩行阵则是标准的车兵终极阵法，预先将车兵排在钩的两头，中间放置弩、戟、矛诸兵种，由中间先出动攻击，两侧纵列的车兵出击，戟兵等集群兵种再跟上。

三国时期诸葛亮入蜀主政平定南蛮之后，蜀军的主要作战对象是曹魏的步骑兵联合部队，作战地域绝大多数为山地，而蜀国缺乏马匹，于是诸葛亮排练“八阵图”。八阵实际上是三国时代以前早已存在的阵法。孙子有八阵，孙膑在《孙膑兵法》中也有《八阵》篇，到了东汉作战训练中普遍使用八阵。诸葛亮从蜀国步兵为主力等实际出发，在原有的古八阵基础上创新阵法，绘制阵图，最终形成“八阵图”，用以训练蜀军。所谓阵

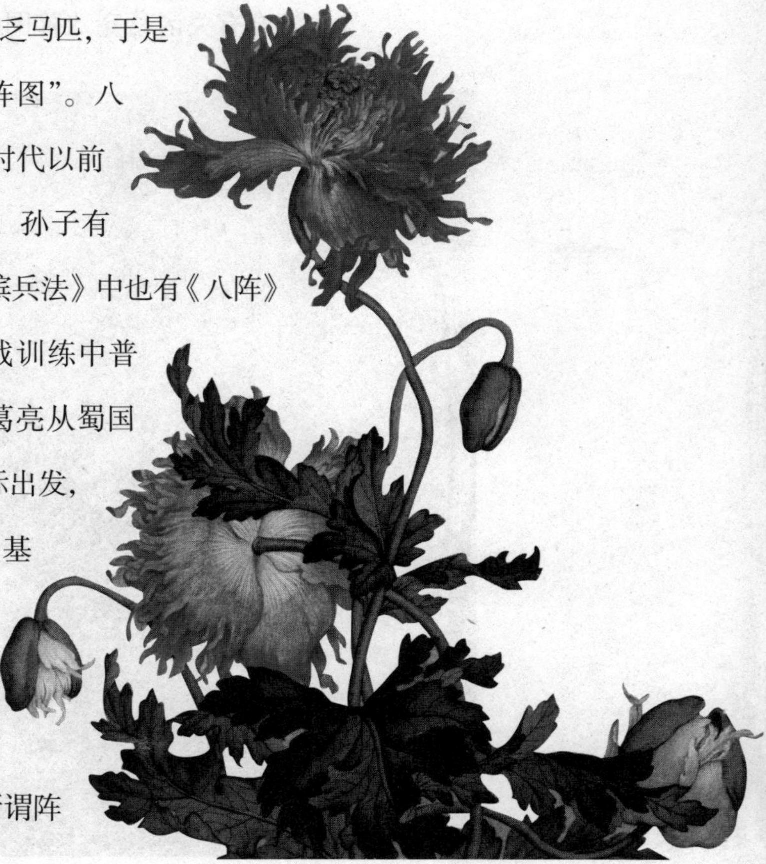

图，就是将阵法绘制成图形，画在锦上、纸上、地上或者用沙石堆砌，形成直观的实物，这就是阵图。诸葛亮纪录阵法的文字没有流传下来，八阵图在唐代就已经失传。但是据说诸葛亮曾经垒石作八阵图，鱼腹江边的八八六十四堆垒石遗迹，就是诸葛亮所遗留的八阵图。结合有关诸葛亮八阵图的只言片语，进行

合理模拟。现代兵家认为八阵是一种集团方阵，每个八阵都具有八个小阵分布在中央的中阵四周的八个方向上，八阵的中央是大将，金鼓旗帜，以及直属的兵马，这就是中阵。每个小阵都有天、地、风、云、龙、虎、鸟、蛇等代号。这就是《李唐问对》中的“阵数有九”的说法，所以宋代还将八阵叫作九军阵。而每个方向的阵编组为六小阵，中阵编组为十六小阵，整个大方阵共有六十四小阵，

正好符合鱼腹江垒石遗迹的八八六十四堆垒石的数量。大方阵之后可能还有游骑构成的二十四小阵，一共是八十八小阵。这些小方阵可以是骑兵、步兵、车队，由几十到几百不等组成，前排为弓弩手、中间为长兵器手、后排为短兵器手（有时排列顺序也不同）。八阵为了迟滞敌人进攻，发挥蜀军弩兵的威力，在防御时还设置冲车、鹿角、铁蒺藜等障碍。

诸葛八阵属于防御性阵形，好处是

没有部署上的弱点，任何方向遭受攻击，整体大阵不需要做出根本性的改变，一处遭到攻击，两翼相邻的阵可以自动变为两翼，保护支援遭受攻击之阵。但是缺点也是很明显的，这样复杂的诸葛八阵需要大量时间进行训练，而且机动性较差，为了保持阵形的完整，前进时不允许奔跑,后退时不能猛跑。这就是《李唐问对》中的“以前为后，以后为前，前无速度，退无遽走”。所以说八阵是一种具有防御性质的十分保守阵形。无大

败，取得大胜同样也很困难。诸葛亮六出祁山，姜维同样多次攻打魏国，无大败也无大胜，不能说与蜀军采用八阵进行作战毫无关系。

（三）撒星阵

撒星阵是南宋名将岳飞破金兵“拐子马”的阵法。撒星阵的队形布列如星，连成一排的“拐子马”冲来时士兵散而不聚，使敌人扑空。等敌人后撤时散开的士兵再聚拢过来，猛力扑击敌人，并用刀专砍马腿，以破“拐子马”。

（四）鸳鸯阵

鸳鸯阵是明代将领戚继光为抗击倭寇而创设的一种阵法。他把士兵分为三队，当敌人进到百步时第一队士兵发射火器；敌人进到六十步时第二队士兵发射弩箭；敌人进到十步时第三队士兵用刀矛向敌人冲杀。这些变化反映了中国

作战阵法从传统的方阵向多兵种的集团阵法演变的过程。

鸳鸯阵阵形以11人为一队，最前为队长，次二人一执长牌、一执藤牌，长牌手执长盾牌遮挡倭寇的重箭、长枪，藤牌手执轻便的藤盾并带有标枪、腰刀，长牌手和藤牌手主要掩护后队前进，藤牌手除了掩护还可与敌近战。再二人为狼筅手,执狼筅。狼筅是利用南方生长的毛竹，选其老而坚实者，将竹端斜削成尖状，又留四周尖锐的枝丫，每支狼筅长三米左右，狼筅手利用狼筅前端的利刃刺杀敌人以掩护盾牌手的推进和后面长枪手的进击。接着是四名手执长枪的长枪

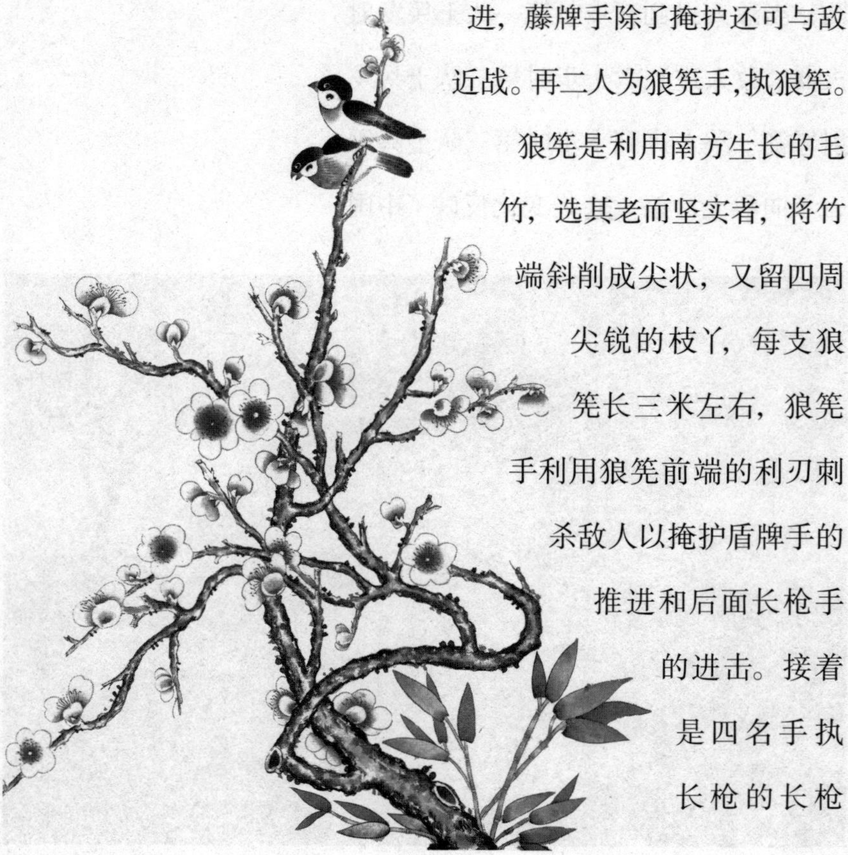

手，左右各二人，分别照应前面左右两边的盾牌手和狼筅手。再跟进的是使用短刀的短兵手，如敌人迂回攻击，短兵手即持短刀冲上前去劈杀敌人。“鸳鸯阵”不但使矛与盾、长与短紧密结合，充分发挥了各种兵器的效能，而且阵形变化灵活。可以根据情况和作战需要变纵队为横队，变一阵为左右两小阵或左中右三小阵。当变成两小阵时称“两才阵”，左右盾牌手分别随左右狼筅手、长枪手和短兵手，护卫其进攻；当变成三小阵时称“三才阵”，此时，狼筅手、长枪手和短兵手居中，盾牌手在左右两侧护卫。这种变化了的阵法又称“变鸳鸯阵”。此阵运用灵活机动，正好抑制住了倭寇优势的发挥。戚继光率领“戚家军”，经过“鸳鸯阵”法的演练后，在与倭寇的作战

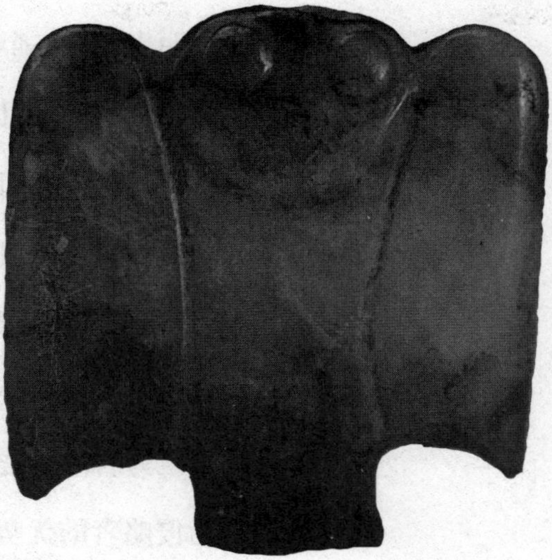

中，连战告捷。

鸳鸯阵主要是为了对付倭寇而设置，行动方便。此阵长短兼具，攻守兼备。在抵御不明深浅的外敌时非常好用。但毕竟比较全面的阵法的问题就在于它太全面，反而什么都不够优秀。

此阵通过变阵可达到“正”对“奇”的功效，对于戚继光死后便发生的七年战争（壬生之战）的后期作战有很大的贡献。

但十分可惜的是，这七年的援朝战争，却使大明走入了一个误区。丰臣秀吉手下渡海而来的兵团几乎没什么机动兵力，大明为了对付他们选择了偏重重装炮火和重装兵种。这是因为轻骑最初突进首尔时遭到当地气候等原因，马蹄烂掉，造成最初的战事不利。其后，火器犀利的丰臣秀吉，更是倚仗其火枪的优势和身为侵略者的优势（就地抢夺兵粮），利用城战将大明拖入持久战的泥沼。

大明的火器同样精良，虽然火枪不行，但有可射两百步的弗朗基大炮，战争虽然胜利了，但也渐渐地轻视轻装机动兵种，造成之后原本被朝鲜欺负了近百年不得喘息的建州女真异军突起，最终成就满清王朝。

当然，这里也有很多的政治因素，但以军事的角度，却不得不说明，朝两国完全是被倭寇所累，最后被女真钻了空子。不然想要凭借一十三副盔甲成就霸业根本就是痴人说梦。

总之，鸳鸯阵的目的就是将登陆的

六、古代阵法在古代军事史中的重要地位及影响

倭寇赶下海。

（一）古代阵法在古代军事史中的重要地位

前代八阵虽然也有防御队形，但主要的还是进攻队形，而宋的“本朝八阵”，从实质上看，完全变成了四面防御队形。也就是说，各阵的主力仍然未脱离单纯防御的模式，但其前代军队的进攻精神

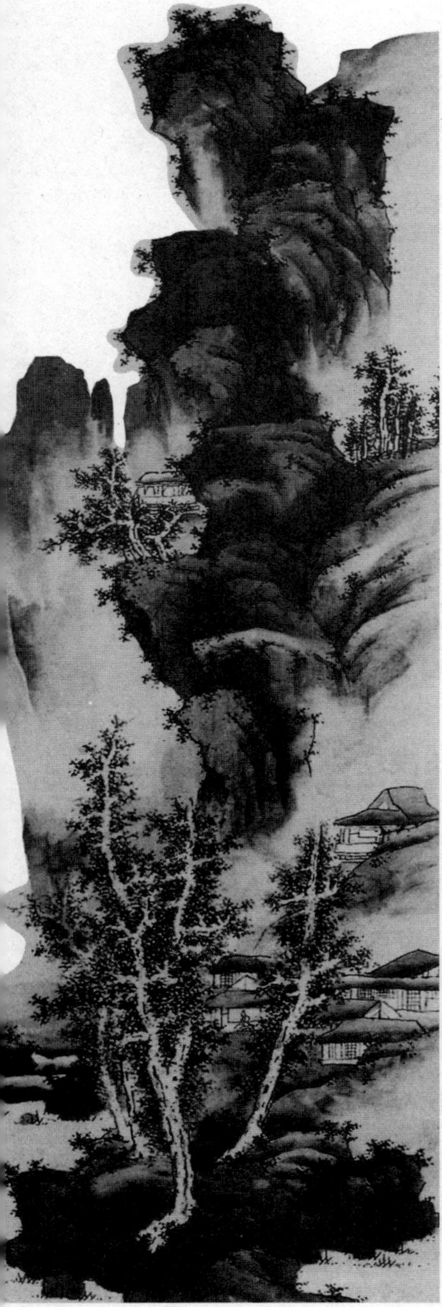

无一继承。这种情形的出现，不能不说是与北宋采取单纯防御的保守军事思想有关。

（二）古代阵法在古代军事史中的重要影响

阵对于中国战争的影响，要分三大阶段，即大量骑兵投入实战以前为一段，骑兵对步兵为一段，步骑混合为一段。

骑兵大量出现以前，也就是秦汉之前，从有记载的周到秦灭六国的这一段历史。这一时期骑兵虽然已用于侦察、传递消息，但是还没有投入实战，中原各国的主战兵力依然是车兵和步兵。而当时衡量一个国家军事实力时常用“千乘之国”“万乘之国”作为标准，如此庞大而昂贵的战车部队自然要步兵的掩护（单纯的战车在弩兵、长戈、长戟兵面前很容易被消灭，原因就在于战车的冲击力有限），于是便出现了步车阵。

真正的阵，或者说春秋至秦的阵，并不像影视剧中表现得那么复杂，而是很简单的，大致分进攻和防守两种：《孙膑兵法》中将阵完整系统地分为十种阵形，即："方、圆、锥行、雁行、钩行、玄襄、疏阵、数阵、火阵、水阵。"

此外，还有林林总总的"阵"。比如射击时用"云阵"，包围敌军要用"赢渭"阵，奇袭用"阖燧"阵，总的加起来不会少于20种阵。

说到列阵，首先要治兵。要使士兵有闻鼓出击、闻金退兵的概念。具体到列阵时的排列，直击还是迂回，由伍长之类的下级军官看中军旗决定。一伍的成员本身就是一个小的战斗集体，大致分（按步兵计）殳、戈、戟、矛、弩五兵，以长兵器和远射兵器为主（短兵缺乏也与当时的青铜器铸造工艺不精，难以造出适合短兵相接的长剑有关），后又

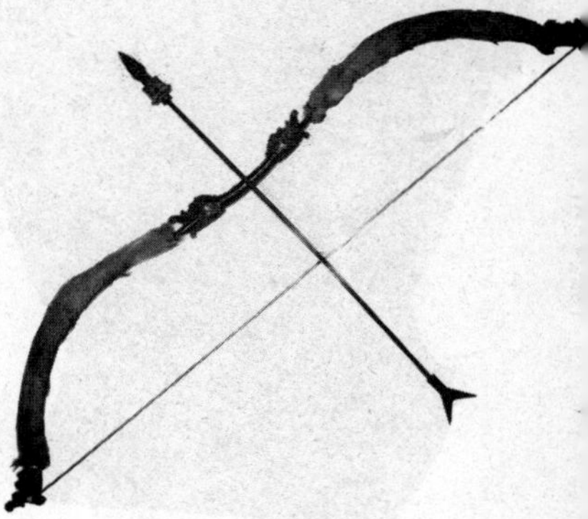

去殳加入大盾。其中弩兵站第一排（近战时撤至最后），持盾兵站第二排（两军对射时到第一排），其下是戈、戟、矛三件长兵器。戈在最前，以横扫为主，主要对付对方的战车和战马；戟可扫可刺，属于多功能兵种；矛以刺为主，主要作战对象是对方的作战人员，各伍之间成纵列向前推进（伍为阵形之中最小的作战单位，四伍为一两，五两为一旅，五旅为一师，五师为一军，皆为春秋以前兵制）。阵中严格禁止有个人英雄主义的出现（再直接一点就是说，不允许逞匹夫之勇），这大概也是秦以前单骑突阵的情况不多的原因（单独一辆战车，突击训练有素，配合精熟，基本以长戟、长矛为主要兵器的重阵，跟送死没什么区别）。秦以前由于长期处于战争之中，各国的常备军数量庞大且有效（即便是临时征召的士兵也有很高的战斗技能和很强的纪律意识，因为他们时常要被征

召)，也从客观上保证了阵对他们能进行有效的约束，也保证了将领们能有效地排出最适合战场形势和双方兵力对比的阵势，这一点很重要，也是这时的军队和以后的中国战争时大量的乌合之众的区别。秦灭六国，天下一统，秦二世时，陈胜吴广起义，天下重又大乱，涌现出两股有影响力的义军。一是西楚霸王项羽(名籍)，二是汉王刘邦(字季)。应该说这时的步兵阵在中国几乎已发展到一个高潮，随着三十几万秦军主力被项羽在巨鹿击败，早期的楚汉争霸几乎再也没有出现过大兵团，有组织地将阵用于战争。这样比刘邦更强悍的项羽占尽了优势，一度将刘邦打得狼奔豕突，溃不成军。只是在韩信出现之后，汉军才凭借其出色的用兵、有效的战阵终于击败不可一世、只凭勇力的西楚霸王。

楚汉争霸从总体来说，只是乌合之众的较量，有效使用阵的情况很少。汉帝国建立后，随着北方匈奴的屡屡入侵，汉军的步兵又几乎没有用处（战不能胜，胜不能追，败不能逃），只好凭借强大的国力组建庞大的骑兵集群，而骑兵又不大可能像步兵一样进退有序地列阵，同时也将步兵的阵近乎完全放弃，只有弩兵的战术——雁行阵还保留着。

骑兵的战术大部分时间里就是正面突击、长途奔袭、战略合围、断敌后路等等，即使是擅长骑兵战术的匈奴人也只有这些。但这时的汉骠骑大将军霍去病琢磨出了一种新战术——车悬，

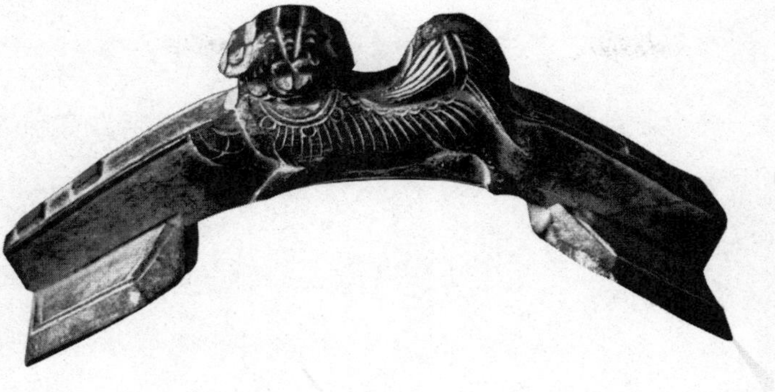

也就是突击战术的加强版，不像突击那样一窝蜂似的蜂拥而上，更注重各骑之间的间隔，因为车悬阵从严格意义上来说并不能算是阵，所以后世兵家大都不认为有此阵，如《曹操兵法》《将苑》（诸葛亮）、《百战奇略》（作者不详，成书于宋代）都对此阵抱不置可否的态度，可能此阵还是真实存在过的，只是随着中国骑兵的衰弱，后人无法亲身感受其威力罢了。

中华五千年灿烂文化，给后人们留下了巨大的精神财富和物质财富。也对东亚文化圈乃至整个世界产生了深远的影响。